”مَعْرِفَةُ الْقُرْاٰن علٰی کنزِ العرفان“ سے متعلق کچھ ضروری باتیں

مَعْرِفَةُ الْقُرْاٰن دورِ جدید کے تقاضوں کے عین مطابق قرآنِ مجید کا آسان اور منفرد لفظی ترجمہ ہے، یہاں اس سے متعلق چند فنی باتیں اور اس کی خصوصیات ملاحظہ ہوں،

1 قرآنِ مجید کا متن P.D.F فارمیٹ میں موجود مکتبۃ المدینہ کے مطبوعہ نسخے سے پیسٹ کیا گیا اور پیسٹنگ کے بعد دو مرتبہ اصل نسخے سے باریک بینی کے ساتھ تقابل کیا گیا ہے تاکہ حتَّی المقدور متن میں غلطی کا امکان نہ رہے۔ نیز ایک لائن میں اتنا متن پیسٹ کیا گیا ہے جتنے نیچے اجزاء مذکور ہیں اور لائن کے شروع اور آخر سے فاصلہ ختم کرنے کے لئے کمپیوٹر سافٹ ویئر کے ذریعے متنِ قرآن کے ٹیکسٹ کو مناسب حد تک پھیلا کر لائن کا شروع اور آخر برابر کیا گیا ہے۔

2 مختلف خانے بنا کر ان میں آیات کے اجزاء لکھے گئے اور ان کے رَسمُ الْخَط کو حتَّی الامکان متنِ قرآن کے رَسمُ الْخَط کے مطابق رکھنے کے لئے ”اَلْمُصْحَف“ فاؤنٹ استعمال کیا گیا ہے۔

3 قرآنِ مجید کا اصل رَسمُ الْخَط برقرار رکھنے کے لئے اجزاء میں تقسیم کے دوران الفاظ کے ساتھ متصل حروف اور ضمائر وغیرہ کو جدا لکھنے کی بجائے ایک ساتھ لکھا ہے اور مختلف رنگوں کے ذریعے انہیں اور ان کا ترجمہ ممتاز کر دیا ہے، جیسے ”مِمَّا“ میں ”مِنْ“ اور ”مَا“ کو اور ”اَنْفُسَهُمْ“ میں ”اَنْفُس“ اور ”هُمْ“ کو الگ الگ لکھنے کی بجائے ایک ساتھ لکھا اور رنگوں کے ذریعے ان الفاظ اور ان کے ترجمے میں امتیاز کر دیا ہے۔

4 بعض مقامات پر معنیٰ سمجھنے میں آسانی کے پیشِ نظر غیر متصل حروف و الفاظ اور اضافت سے خالی الفاظ کو بھی ایک ہی خانے میں لکھا گیا اور رنگوں کے ذریعے ان کے معانی میں امتیاز کیا گیا ہے۔ جیسے ”فِي الْاَرْضِ“ کو ایک ہی خانے میں لکھا ہے۔

5 صیغہ خواہ منفی ہو جیسے ”لَمْ تُنْذِرْهُمْ“ اور ”لَا يَعْلَمُوْنَ“ اور ”لَنْ تَفْعَلُوْا“ یا دوسرا جیسے ”كُنْتُمْ تَكْتُمُوْنَ“ مکمل صیغہ ایک ہی خانے میں لکھا ہے اسی طرح بعض مقامات پر پورا جملہ جیسے ”فَتَابَ عَلَيْهِ“ بھی ایک ہی خانے میں لکھا ہے تاکہ آیت کا اصل مرادی ترجمہ لکھنے میں آسانی رہے۔

6 ترجمے میں سلاست (روانی) کو برقرار رکھنے اور عربی الفاظ کے مفہوم کو مزید واضح کرنے کے لئے اضافت والے الفاظ جیسے ”كَلٰمَ اللّٰهِ“ کو ایک ہی خانے میں لکھا گیا اور رنگوں کے ذریعے ان کے ترجمے کی نشاندہی کر دی گئی ہے۔

7 حروف و الفاظ کا اصل وضع کے اعتبار سے جو ترجمہ بنتا ہے اسے لکھنے کا التزام کیا گیا اور ان کا مرادی اور مفہومی ترجمہ بریکٹ میں لکھ دیا ہے جیسے ”وَاَنْتُمْ تَعْلَمُوْنَ“ میں مذکور ”وَ“ حالیہ ہے، اس کا ترجمہ یوں لکھا ہے ”اور

اشاعت: محرم الحرام ۱۴۴۷ھ، جولائی 2025ء تعداد: 3000 (تین ہزار)

(حالانکہ)'' البتہ بعض مقامات پر لغوی ترجمہ لکھنے میں شرعی مسائل ہونے کی وجہ سے تاویلی ترجمہ لکھا ہے اور حتَّی الامکان حاشیہ لگا کر ایسے مقامات کی وضاحت کر دی ہے۔

8 جن حروفِ زائدہ کا باقاعدہ کوئی ترجمہ نہیں بنتا انہیں کوئی رنگ کئے بغیر اسی طرح برقرار رکھا ہے جیسے ''بِمُؤْمِنِیْنَ'' میں حرف ''ب'' اور ''مُؤْمِنِیْنَ'' کو ایک ہی رنگ میں لکھا ہے۔

9 لفظی ترجمے کے ساتھ ایک بامحاورہ ترجمے کا بھی اضافہ کیا گیا ہے اور یہ ترجمہ تفسیر ''صِرَاطُ الْجِنَان فِیْ تَفْسِیْرِ الْقُرْاٰن'' میں چھپا ہوا ''کَنْزُ الْعِرْفَان فِیْ تَرْجَمَۃِ الْقُرْاٰن'' لکھا گیا ہے۔

10 سمجھنے میں آسانی کے لئے موقع محل کی مناسبت سے بریکٹوں میں الفاظ کا اضافہ کیا گیا اور ان کا رنگ سیاہ رکھا گیا ہے۔ نیز اجزاء میں جہاں آیت ختم ہوئی یونہی بامحاورہ ترجمے میں جہاں ایک آیت کا ترجمہ ختم ہوا وہاں اختتامیہ نشان ○ بھی ڈال دیا ہے۔

11 قرآن پاک میں بعض اوقات ایک آیت میں مختلف چیزیں بیان ہوتی ہیں اور بعض اوقات دو تین آیات کے بعد نئی بات شروع ہو جاتی ہے، فہمِ قرآن یعنی قرآن سمجھنے میں آسانی کیلئے ہم نے ہر ایسی جگہ پر نیا عنوان لگا دیا ہے جس کا فائدہ یہ ہے کہ اس نئے عنوان کو پڑھنے کے بعد وہاں سے شروع ہونے والی آیات کو بڑی آسانی سے سمجھا جاسکے گا کیونکہ پہلے سے معلوم ہو جائے گا کہ اب اس مضمون کی آیات آرہی ہیں۔

12 عنوانات صفحے کی سائیڈ میں لکھے ہیں اور جن آیات میں وہ عنوان بیان ہوا ہے انہیں اور ان کے بامحاورہ ترجمے کو مختلف رنگوں کے ذریعے ممتاز کیا ہے تاکہ قاری بآسانی سمجھ سکے کہ اس عنوان کا مضمون کہاں سے کہاں تک ہے، نیز موقع کی مناسبت سے تفسیر صراط الجنان اور دیگر معتبر تفاسیر سے مختصر اور جامع حواشی بھی لگائے گئے ہیں۔

13 حروف و الفاظ کے معنیٰ متعین کرنے کے لئے چار رنگوں کا استعمال کیا گیا ہے، سبز، سرخ، نیلا اور جامنی۔ پہلے تین رنگ مختلف حروف و الفاظ کے لئے استعمال کئے گئے ہیں اور جامنی رنگ بطورِ خاص لفظی ترجمے میں آنے والے اضافی الفاظ کے لئے استعمال کیا گیا ہے تاکہ قاری آسانی کے ساتھ یہ سمجھ سکے کہ جامنی رنگ والے الفاظ کسی خاص لفظ کا ترجمہ نہیں ہیں۔ جیسے ''بِهٰذَا مَثَلًا'' اور اس کا ترجمہ ''اس مثال کے ساتھ''

اللہ تعالیٰ اس کوشش کو اپنی بارگاہ میں قبول فرمائے اور اسے میری، میرے اہلِ خانہ، رشتہ داروں، دوست احباب اور دیگر متعلقین کی نجات کا ذریعہ بنائے اور جن جن احباب نے اس کام کے سلسلے میں تعاون کیا ان کی کوششوں کو بھی قبول و منظور فرمائے اور سب کی بے حساب مغفرت فرمائے۔

ابُوالصَّالِح مُحَمَّد قَاسِم قَادِری

وَلَوْ اَنَّنَا

8

وَلَوْ أَنَّنَا نَزَّلْنَا إِلَيْهِمُ الْمَلَائِكَةَ وَكَلَّمَهُمُ الْمَوْتَىٰ

وَ	لَوْ	أَنَّنَا	نَزَّلْنَا	إِلَيْهِمُ	الْمَلَائِكَةَ	وَ	كَلَّمَهُمُ	الْمَوْتَىٰ
اور	اگر	بیشک ہم	اتار دیتے	ان کی طرف	فرشتے	اور	باتیں کرتے ان سے	مردے

اور اگر ہم ان کی طرف فرشتے اُتار دیتے اور مردے ان سے باتیں کرتے

وَحَشَرْنَا عَلَيْهِمْ كُلَّ شَيْءٍ قُبُلًا مَا كَانُوا

وَ	حَشَرْنَا	عَلَيْهِمْ	كُلَّ شَيْءٍ	قُبُلًا	مَا كَانُوا
اور	ہم جمع کر دیتے	ان پر	ہر چیز	گروہ گروہ (کر کے "یا" ان کے) سامنے	(پھر بھی) وہ نہ تھے

اور ہم ہر چیز ان کے سامنے جمع کر دیتے جب بھی وہ

لِيُؤْمِنُوا إِلَّا أَنْ يَشَاءَ اللَّهُ وَلَٰكِنَّ أَكْثَرَهُمْ يَجْهَلُونَ ﴿١١١﴾

لِيُؤْمِنُوا	إِلَّا	أَنْ	يَشَاءَ	اللَّهُ	وَ	لَٰكِنَّ	أَكْثَرَهُمْ	يَجْهَلُونَ ﴿١١١﴾
کہ ایمان لاتے	مگر	یہ کہ	چاہتا	اللہ	اور	لیکن	ان میں اکثر (لوگ)	نہیں جانتے

ایمان لانے والے نہ تھے مگر یہ کہ خدا چاہتا لیکن ان میں اکثر لوگ جاہل ہیں ۝

وَكَذَٰلِكَ جَعَلْنَا لِكُلِّ نَبِيٍّ عَدُوًّا شَيَاطِينَ الْإِنْسِ وَالْجِنِّ

وَ	كَذَٰلِكَ	جَعَلْنَا	لِكُلِّ نَبِيٍّ	عَدُوًّا	شَيَاطِينَ الْإِنْسِ وَالْجِنِّ
اور	اسی طرح	ہم نے بنایا	ہر نبی کا	دشمن	جنوں اور انسانوں کے شیطانوں (کو)

اور اسی طرح ہم نے ہر نبی کا دشمن بنایا انسانوں اور جنوں کے شیطانوں کو

يُوحِي بَعْضُهُمْ إِلَىٰ بَعْضٍ زُخْرُفَ الْقَوْلِ غُرُورًا ۚ وَ

يُوحِي (1)	بَعْضُهُمْ	إِلَىٰ بَعْضٍ	زُخْرُفَ الْقَوْلِ	غُرُورًا	وَ
وسوسے ڈالتے ہیں	ان کے بعض	بعض کی طرف	بناوٹی بات (کے)	دھوکا دینے (کے لئے)	اور

ان میں ایک دوسرے کو دھوکا دینے کے لئے بناوٹی باتوں کے وسوسے ڈالتا ہے اور

عنوان: معجزات دیکھنے کے باوجود کفار کے ایمان نہ لانے کی خبر — شیطانوں کی انبیاء سے دشمنی اور وسوسے ڈالنے کی وجوہات

(1)...... جو گمراہ دوسروں کو شریعت کے خلاف کام کی ترغیب دے وہ انسانی شیطان ہے اگرچہ وہ اپنے عزیزوں میں سے ہو یا عالم کے لباس میں ہو، نیز اس میں وہ تمام لوگ داخل ہیں جو آزاد خیالی یا روشن خیالی کے نام پر شرعی کاموں کے خلاف پلاننگ کرتے اور منصوبے بناتے اور اس کیلئے تنظیمیں تشکیل دیتے ہیں۔ ان سب سے بچنا لازم ہے۔

لَوْ شَآءَ رَبُّكَ مَا فَعَلُوْهُ فَذَرْهُمْ وَمَا يَفْتَرُوْنَ ﴿١١٢﴾

لَوْ	شَآءَ	رَبُّكَ	مَا فَعَلُوْهُ	فَذَرْهُمْ	وَ	مَا	يَفْتَرُوْنَ ﴿١١٢﴾
اگر	چاہتا	تمہارا رب	(تو) وہ نہ کرتے اسے	توتم چھوڑ دو انہیں	اور	جنہیں	وہ گھڑتے ہیں

اگر تمہارا رب چاہتا تو وہ ایسا نہ کرتے تو تم انہیں اور ان کی بناوٹی باتوں کو چھوڑ دو ○

وَلِتَصْغٰۤى اِلَيْهِ اَفْـِٕدَةُ الَّذِيْنَ

وَ	لِتَصْغٰۤى (1)	اِلَيْهِ	اَفْـِٕدَةُ الَّذِيْنَ
اور	(وہ وسوسے ڈالتے ہیں) تاکہ مائل ہو جائیں	اس (بناوٹی بات) کی طرف	ان لوگوں کے دل جو

اور تاکہ آخرت پر ایمان نہ لانے والوں کے دل ان بناوٹی باتوں کی طرف

لَا يُؤْمِنُوْنَ بِالْاٰخِرَةِ وَلِيَرْضَوْهُ وَلِيَقْتَرِفُوْا

لَا يُؤْمِنُوْنَ	بِالْاٰخِرَةِ	وَ	لِيَرْضَوْهُ	وَ	لِيَقْتَرِفُوْا
ایمان نہیں لاتے	آخرت پر	اور	تاکہ وہ پسند کرلیں اسے	اور	تاکہ وہ (اسی گناہ کا) ارتکاب کریں

مائل ہو جائیں اور تاکہ وہ ان باتوں کو پسند کرلیں اور وہ اُسی گناہ کا ارتکاب کریں جس کے

مَا هُمْ مُّقْتَرِفُوْنَ ﴿١١٣﴾ اَفَغَيْرَ اللّٰهِ اَبْتَغِيْ حَكَمًا

مَا	هُمْ	مُّقْتَرِفُوْنَ ﴿١١٣﴾	اَفَغَيْرَ اللّٰهِ	اَبْتَغِيْ	حَكَمًا (2)
جس کے	وہ	مرتکب ہیں	تو کیا اللہ کے سوا	میں تلاش کرلوں	کوئی فیصلہ کرنے والا، حاکم

یہ خود مرتکب ہیں ○ تو کیا میں اللہ کے سوا کسی کو حاکم بنالوں؟

وَهُوَ الَّذِيْۤ اَنْزَلَ اِلَيْكُمُ الْكِتٰبَ

وَ	هُوَ	الَّذِيْۤ	اَنْزَلَ	اِلَيْكُمُ	الْكِتٰبَ
اور (حالانکہ)	وہی (ہے)	جس نے	نازل کی	تمہاری طرف	کتاب

حالانکہ وہی ہے جس نے تمہاری طرف مفصل کتاب

عنوان: نزولِ قرآن کے بعد اتباعِ باطل کی گنجائش نہیں

1 ...... ہر ایک کا دل اپنے ہم جنس کی طرف جھکتا ہے، لہٰذا اگر کسی آدمی کا دل گناہگاروں، گمراہوں کی طرف زیادہ جھکتا ہے تو اسے غور کرنا چاہئے کہ کہیں ایسا تو نہیں کہ اس کے دل میں بھی گمراہی اور برائی کی محبت بیٹھی ہوئی ہے۔

2 ...... اسلامی عقیدوں اور شرعی قطعی مسائل میں کسی کو فیصل بنانا، کثرتِ رائے کا اعتبار کرنا یا جمہوریت کی رَٹ لگانا وغیرہ کسی چیز کی اجازت نہیں، اللہ تعالیٰ اور اس کے رسول کے فرمان بہر حال لازم العمل ہیں، کوئی اس کا فیصلہ کرے یا نہ کرے، لوگوں کی رائے اس کے موافق ہو یا مخالف۔

مُفَصَّلًا ؕ وَالَّذِیۡنَ اٰتَیۡنٰهُمُ الۡکِتٰبَ یَعۡلَمُوۡنَ اَنَّهٗ

مُفَصَّلًا	وَ	الَّذِیۡنَ	اٰتَیۡنٰهُمُ	الۡکِتٰبَ	یَعۡلَمُوۡنَ	اَنَّهٗ
مفصل، خوب واضح کی ہوئی	اور	وہ لوگ جو	ہم نے دی انہیں	کتاب	وہ جانتے ہیں	کہ وہ

اُتاری اور جن لوگوں کو ہم نے کتاب دی وہ جانتے ہیں کہ یہ

مُنَزَّلٌ مِّنۡ رَّبِّکَ بِالۡحَقِّ فَلَا تَکُوۡنَنَّ مِنَ الۡمُمۡتَرِیۡنَ ﴿۱۱۴﴾

مُنَزَّلٌ	مِّنۡ رَّبِّکَ	بِالۡحَقِّ	فَلَا تَکُوۡنَنَّ (1)	مِنَ الۡمُمۡتَرِیۡنَ ﴿۱۱۴﴾
اتاری ہوئی ہے	تیرے رب کی طرف سے	حق کے ساتھ	تو تم ہرگز نہ ہونا	شک کرنے والوں میں سے

تیرے رب کی طرف سے حق کے ساتھ نازل شدہ ہے تو اے سننے والے تو ہرگز شک والوں میں نہ ہو ○

وَتَمَّتۡ کَلِمَتُ رَبِّکَ صِدۡقًا وَّعَدۡلًا ؕ لَا مُبَدِّلَ

وَ	تَمَّتۡ	کَلِمَتُ رَبِّکَ	صِدۡقًا وَّعَدۡلًا	لَا مُبَدِّلَ
اور	پوری ہوئیں، کامل ہوئیں	تیرے رب کی باتیں	سچ اور انصاف (میں)	کوئی بدلنے والا نہیں

اور سچ اور انصاف کے اعتبار سے تیرے رب کے کلمات کامل ہیں۔ اس کے کلمات کو

لِکَلِمٰتِهٖ ۚ وَهُوَ السَّمِیۡعُ الۡعَلِیۡمُ ﴿۱۱۵﴾ وَاِنۡ تُطِعۡ

لِکَلِمٰتِهٖ	وَ	هُوَ	السَّمِیۡعُ	الۡعَلِیۡمُ ﴿۱۱۵﴾	وَ	اِنۡ	تُطِعۡ (2)
اس کی باتوں کو	اور	وہی	سننے والا	جاننے والا (ہے)	اور	اگر	تو بات مانے گا

کوئی بدلنے والا نہیں اور وہی سننے والا، جاننے والا ہے ○ اور اے سننے والے! زمین میں اکثر وہ ہیں

اَکۡثَرَ مَنۡ فِی الۡاَرۡضِ یُضِلُّوۡکَ عَنۡ سَبِیۡلِ اللّٰهِ ؕ

اَکۡثَرَ	مَنۡ فِی الۡاَرۡضِ	یُضِلُّوۡکَ	عَنۡ سَبِیۡلِ اللّٰهِ
اکثر (لوگوں کی)	جو زمین میں (رہتے ہیں)	(تو) وہ بہکا دیں گے تجھے	اللہ کی راہ سے

کہ تو ان کے کہے پر چلے تو تجھے اللہ کی راہ سے بہکا دیں،

عنوان: کلماتِ الٰہی کی شان — گمراہوں کی پیروی کا نقصان

1 ...... ایسی جگہوں پر آیت کو سننے والا ہر مخاطب مراد ہوتا ہے یا بظاہر خطاب نبی اکرم صَلَّی اللّٰہُ تَعَالٰی عَلَیْہِ وَاٰلِہٖ وَسَلَّم سے ہوتا ہے لیکن مراد آپ کی امت ہوتی ہے۔ 2 ...... اس آیت میں یہ پہلو بھی داخل ہے کہ عوام ایسے لوگوں سے بھی محتاط رہیں جو اسلام کا لبادہ اوڑھ کر، اسلامی تعلیمات کی اشاعت کو اپنی ڈھال بنا کر اسلام ہی کی بنیادیں کھوکھلی کرنے میں مصروف ہیں، دین کے مسلمہ امور میں ان کی قیاس آرائیاں، حق کو باطل اور باطل کو حق ظاہر کرنے میں ان کی صرف کی ہوئی توانائیاں کسی کام کی نہیں، ان کی پیروی دنیا و آخرت کے عظیم خسارے کا سبب بن سکتی ہے۔

اِنْ يَّتَّبِعُوْنَ اِلَّا الظَّنَّ وَ اِنْ هُمْ اِلَّا

اِنْ	يَّتَّبِعُوْنَ	اِلَّا	الظَّنَّ	وَ	اِنْ	هُمْ	اِلَّا
نہیں	وہ پیروی کرتے	مگر	گمان (کی)	اور	نہیں	وہ	مگر

یہ صرف گمان کی پیروی کرتے ہیں اور یہ صرف

يَخْرُصُوْنَ ﴿۱۱۶﴾ اِنَّ رَبَّكَ هُوَ اَعْلَمُ مَنْ يَّضِلُّ

يَخْرُصُوْنَ ﴿۱۱۶﴾	اِنَّ	رَبَّكَ	هُوَ	اَعْلَمُ	مَنْ	يَّضِلُّ
اندازے لگا رہے ہیں	بیشک	تمہارا رب	وہ	خوب جانتا ہے	(اسے) جو	بھٹکتا ہے

اندازے لگا رہے ہیں ○ بیشک تیرا رب خوب جانتا ہے کہ کون اس کی راہ سے

عَنْ سَبِيْلِهٖ ۚ وَ هُوَ اَعْلَمُ بِالْمُهْتَدِيْنَ ﴿۱۱۷﴾ فَكُلُوْا مِمَّا

عَنْ سَبِيْلِهٖ	وَ	هُوَ	اَعْلَمُ	بِالْمُهْتَدِيْنَ ﴿۱۱۷﴾	فَكُلُوْا (1)	مِمَّا
اس کی راہ سے	اور	وہ	خوب جانتا ہے	ہدایت والوں کو	تو کھاؤ	(اس میں) سے جو

بھٹکا ہوا ہے اور وہ ہدایت والوں کو (بھی) خوب جانتا ہے ○ تو اس میں سے کھاؤ

ذُكِرَ اسْمُ اللّٰهِ عَلَيْهِ اِنْ كُنْتُمْ بِاٰيٰتِهٖ مُؤْمِنِيْنَ ﴿۱۱۸﴾ وَ

ذُكِرَ	اسْمُ اللّٰهِ	عَلَيْهِ	اِنْ	كُنْتُمْ	بِاٰيٰتِهٖ	مُؤْمِنِيْنَ ﴿۱۱۸﴾	وَ
ذکر کیا گیا	اللہ کا نام	اس پر	اگر	تم ہو	اس کی آیتوں پر	ایمان رکھنے والے	اور

جس پر اللہ کا نام لیا گیا اگر تم اس کی آیتوں پر ایمان رکھتے ہو ○ اور

مَا لَكُمْ اَلَّا تَاْكُلُوْا مِمَّا ذُكِرَ اسْمُ اللّٰهِ عَلَيْهِ

مَا	لَكُمْ	اَلَّا تَاْكُلُوْا	مِمَّا	ذُكِرَ	اسْمُ اللّٰهِ	عَلَيْهِ
کیا ہوا	تمہیں	کہ نہ کھاؤ	(اس میں) سے جو	ذکر کیا گیا	اللہ کا نام	اس پر

تمہیں کیا ہے کہ تم اس میں سے نہ کھاؤ جس پر اللہ کا نام لیا گیا ہے

عنوان: کسی کی گمراہی اور ہدایت اللہ تعالیٰ سے پوشیدہ نہیں | اللہ کے نام پر ذبح کردہ جانور حلال ہے | حلت و حرمت کا شرعی قانون

1 ......اس آیت کا معنی یہ ہے کہ "جو جانور اللہ تعالیٰ کے نام پر ذبح کیا گیا اسے کھاؤ اور جو اپنی موت مرا یا بتوں کے نام پر ذبح کیا گیا وہ حرام ہے۔" جانور کے حلال ہونے کا تعلق اللہ عَزَّوَجَلَّ کے نام پر ذبح ہونے سے ہے، نیز حلال و حرام کا اختیار اللہ تعالیٰ کے پاس ہے لہٰذا اس کی ہدایت کے مطابق ہی چیزوں کو حرام یا حلال قرار دو۔

وَقَدْ فَصَّلَ لَكُمْ مَّا حَرَّمَ

حَرَّمَ	مَّا	لَكُمْ	فَصَّلَ [1]	قَدْ	وَ
اس نے حرام کی ہیں	وہ (چیزیں) جو	تمہارے لئے	اللہ نے تفصیل سے بیان کر دیں	بیشک	اور (حالانکہ)

حالانکہ وہ تمہارے لئے وہ چیزیں تفصیل سے بیان کر چکا ہے جو اس نے تم پر

عَلَيْكُمْ اِلَّا مَا اضْطُرِرْتُمْ اِلَيْهِ ؕ وَ اِنَّ

اِنَّ	وَ	اِلَيْهِ	اضْطُرِرْتُمْ	مَا	اِلَّا	عَلَيْكُمْ
بیشک	اور	ان کی طرف	تم مجبور ہو جاؤ	(ان چیزوں کے) جو	سوائے	تمہارے اوپر

حرام کی ہیں سوائے ان چیزوں کے جن کی طرف تم مجبور ہو جاؤ اور بیشک

كَثِيْرًا لَّيُضِلُّوْنَ بِاَهْوَآىِٕهِمْ بِغَيْرِ عِلْمٍ ؕ اِنَّ رَبَّكَ

رَبَّكَ	اِنَّ	بِغَيْرِ عِلْمٍ	بِاَهْوَآىِٕهِمْ [2]	لَّيُضِلُّوْنَ	كَثِيْرًا
تمہارا رب	بیشک	علم کے بغیر	اپنی خواہشات کے سبب	ضرور گمراہ کرتے ہیں	بہت سے (لوگ)

بہت سے لوگ لاعلمی میں اپنی خواہشات کی وجہ سے گمراہ کرتے ہیں۔ بیشک تیرا رب

هُوَ اَعْلَمُ بِالْمُعْتَدِيْنَ ﴿۱۱۹﴾ وَ ذَرُوْا ظَاهِرَ الْاِثْمِ وَ بَاطِنَهٗ ؕ

ظَاهِرَ الْاِثْمِ وَ بَاطِنَهٗ	ذَرُوْا	وَ	بِالْمُعْتَدِيْنَ ﴿۱۱۹﴾	اَعْلَمُ	هُوَ
ظاہری اور باطنی گناہ	چھوڑ دو	اور	حد سے بڑھنے والوں کو	خوب جانتا ہے	وہ

حد سے بڑھنے والوں کو خوب جانتا ہے ○ اور ظاہری اور باطنی سب گناہ چھوڑ دو

اِنَّ الَّذِيْنَ يَكْسِبُوْنَ الْاِثْمَ سَيُجْزَوْنَ بِمَا

بِمَا	سَيُجْزَوْنَ	الْاِثْمَ	يَكْسِبُوْنَ	الَّذِيْنَ	اِنَّ
(ان گناہوں کا) جن کا	عنقریب انہیں بدلہ دیا جائے گا	گناہ	کماتے ہیں	وہ لوگ جو	بیشک

بیشک جو لوگ گناہ کماتے ہیں انہیں عنقریب ان گناہوں کا بدلہ دیا جائے گا جن کا

عنوان: ظاہری و باطنی گناہ چھوڑ دینے کا حکم

1. ...... اس سے معلوم ہوا کہ قانون یہ ہے کہ حرام چیزوں کا مفصل ذکر ہوتا ہے اور جس چیز کو حرام نہ فرمایا گیا ہو وہ حلال ہے۔
2. ...... اپنی طرف سے مختلف جانوروں یا اشیاء کو حرام قرار دینا گمراہی ہے۔ اس آیت پر وہ لوگ بھی غور کریں جو اولیاء کرام کے ایصالِ ثواب کیلئے مقرر کردہ جانوروں کو حرام قرار دیتے ہیں حالانکہ وہ اللہ تعالیٰ کے نام پر ہی ذبح کئے جاتے ہیں۔

كَانُوْا يَقْتَرِفُوْنَ ﴿۱۲۰﴾ وَ لَا تَاْكُلُوْا مِمَّا لَمْ يُذْكَرِ اسْمُ اللّٰهِ عَلَيْهِ

كَانُوْا يَقْتَرِفُوْنَ ﴿۱۲۰﴾	وَ	لَا تَاْكُلُوْا (1)	مِمَّا	لَمْ يُذْكَرِ	اسْمُ اللّٰهِ	عَلَيْهِ
وہ ارتکاب کرتے تھے	اور	تم نہ کھاؤ	(اس میں) سے جو	نہ ذکر کیا گیا	اللہ کا نام	اس پر

وہ ارتکاب کرتے تھے ○ اور جس پر اللہ کا نام نہ لیا گیا ہو اسے نہ کھاؤ

وَ اِنَّهٗ لَفِسْقٌ ؕ وَ اِنَّ الشَّیٰطِیْنَ لَیُوْحُوْنَ

وَ	اِنَّهٗ	لَفِسْقٌ	وَ	اِنَّ	الشَّیٰطِیْنَ	لَیُوْحُوْنَ
اور	بیشک وہ	ضرور نافرمانی (ہے)	اور	بیشک	شیاطین	ضرور (وسوسے) ڈالتے ہیں

اور بیشک یہ نافرمانی ہے اور بیشک شیطان اپنے دوستوں کے دلوں میں

اِلٰۤى اَوْلِیٰٓـئِهِمْ لِیُجَادِلُوْكُمْ ۚ وَ اِنْ اَطَعْتُمُوْهُمْ اِنَّكُمْ

اِلٰۤى اَوْلِیٰٓـئِهِمْ	لِیُجَادِلُوْكُمْ (2)	وَ	اِنْ	اَطَعْتُمُوْهُمْ	اِنَّكُمْ
اپنے دوستوں کی طرف	تاکہ وہ جھگڑا کریں تم سے	اور	اگر	تم بات مانو گے ان کی	(تو) بیشک تم

وسوسے ڈالتے ہیں تاکہ وہ تم سے جھگڑیں اور اگر تم ان کا کہنا مانو گے تو اس وقت

لَمُشْرِكُوْنَ ﴿۱۲۱﴾ ع اَوَ مَنْ كَانَ مَیْتًا فَاَحْیَیْنٰهُ وَ جَعَلْنَا ۱۴ ع ۱

لَمُشْرِكُوْنَ ﴿۱۲۱﴾	اَوَ مَنْ	كَانَ	مَیْتًا	فَاَحْیَیْنٰهُ	وَ	جَعَلْنَا
ضرور مشرک ہوگے	کیا اور جو	تھا	مردہ	پھر ہم نے زندہ کردیا اسے	اور	بنادیا

تم بھی یقیناً مشرک ہوگے ○ اور کیا وہ جو مردہ تھا پھر ہم نے اسے زندہ کردیا اور ہم نے

لَهٗ نُوْرًا یَّمْشِیْ بِهٖ فِی النَّاسِ كَمَنْ مَّثَلُهٗ

لَهٗ	نُوْرًا	یَّمْشِیْ	بِهٖ	فِی النَّاسِ	كَمَنْ مَّثَلُهٗ
اس کے لئے	ایک نور	وہ چلتا ہے	اس کے ساتھ	لوگوں میں	(کیا) اس کی مثال اس جیسی ہوگی جو

اس کے لیے ایک نور بنادیا جس کے ساتھ وہ لوگوں میں چلتا ہے (کیا) وہ اس جیسا ہو جائے گا جو

عنوان: ذبح کے وقت اللہ کا نام چھوڑ دیا تو جانور حرام ہے | شیاطین کی وسوسہ اندازیاں | مومن و کافر کی مثال

(1)...... حکم یہ ہے کہ جس جانور پر مسلمان یا کتابی نے جان بوجھ کر اللہ تعالیٰ کا نام ذکر نہ کیا وہ حرام ہے اور اگر بھول کر نام لینا رہ گیا تو حلال ہے اور مسلمان و کتابی کے علاوہ کسی دوسرے کا ذبح کیا ہوا مطلقاً حرام ہے۔ یہاں کتابی سے مراد وہ اہلِ کتاب ہیں جو اپنے نبی اور کتاب پر ایمان رکھتے ہیں۔ محض نام کے عیسائی اور حقیقت میں دہریہ مراد نہیں ہیں۔ (2)...... اس آیت سے معلوم ہوا کہ بغیر علم دینی مسائل میں جھگڑنا یا محض جھگڑے کی نیت سے مناظرہ کرنا شیطانی لوگوں کا کام ہے لیکن تحقیق حق کے لئے مناظرہ کرنا عبادت ہے۔

فِي الظُّلُمٰتِ لَيْسَ بِخَارِجٍ مِّنْهَا ؕ كَذٰلِكَ زُيِّنَ

فِي الظُّلُمٰتِ	لَيْسَ	بِخَارِجٍ	مِّنْهَا	كَذٰلِكَ	زُيِّنَ
اندھیروں میں (ہے)	وہ نہیں	نکلنے والا	ان سے	اسی طرح	آراستہ کر دیئے گئے

اندھیروں میں (پڑا ہوا) ہے (اور) ان سے نکلنے والا بھی نہیں۔ یونہی کافروں کے لئے

لِلْكٰفِرِيْنَ مَا كَانُوْا يَعْمَلُوْنَ ﴿۱۲۲﴾ وَكَذٰلِكَ جَعَلْنَا فِيْ كُلِّ قَرْيَةٍ

لِلْكٰفِرِيْنَ	مَا	كَانُوْا يَعْمَلُوْنَ ﴿۱۲۲﴾	وَ	كَذٰلِكَ	جَعَلْنَا	فِيْ كُلِّ قَرْيَةٍ
کافروں کے لئے	جو	وہ عمل کرتے تھے	اور	اسی طرح	ہم نے بنا دیئے	ہر بستی میں

ان کے اعمال آراستہ کر دیئے گئے ○ اور ویسے ہی ہم نے ہر بستی میں

اَكٰبِرَ مُجْرِمِيْهَا لِيَمْكُرُوْا فِيْهَا ؕ وَ

اَكٰبِرَ مُجْرِمِيْهَا	لِيَمْكُرُوْا (1)	فِيْهَا	وَ
اس کے مجرموں کے سرغنے (یا) اس کے مجرموں کو سردار	تاکہ وہ سازشیں کریں	اس میں	اور

اس کے مجرموں کو (ان کا) سردار بنا دیا تاکہ اس میں وہ اپنی سازشیں کریں اور

مَا يَمْكُرُوْنَ اِلَّا بِاَنْفُسِهِمْ وَمَا يَشْعُرُوْنَ ﴿۱۲۳﴾ وَاِذَا

مَا يَمْكُرُوْنَ	اِلَّا	بِاَنْفُسِهِمْ	وَ	مَا يَشْعُرُوْنَ ﴿۱۲۳﴾	وَ	اِذَا
وہ سازشیں نہیں کرتے	مگر	اپنی جانوں کے ساتھ	اور	وہ شعور نہیں رکھتے	اور	جب

وہ صرف اپنے خلاف سازشیں کر رہے ہیں اور انہیں شعور نہیں ○ اور جب

جَآءَتْهُمْ اٰيَةٌ قَالُوْا لَنْ نُّؤْمِنَ حَتّٰى نُؤْتٰى

جَآءَتْهُمْ	اٰيَةٌ	قَالُوْا	لَنْ نُّؤْمِنَ	حَتّٰى	نُؤْتٰى
آئے ان کے پاس	کوئی نشانی	(تو) کہتے ہیں	ہم ہرگز ایمان نہ لائیں گے	یہاں تک کہ	ہمیں دیا جائے

ان کے پاس کوئی نشانی آئے تو کہتے ہیں کہ ہم ہرگز ایمان نہ لائیں گے جب تک ہمیں بھی

عنوان: سردارانِ مکہ کی دشمنی پر حضور صَلَّى اللّٰهُ تَعَالٰى عَلَيْهِ وَاٰلِهٖ وَسَلَّمَ کو تسلی | کفار کا مطالبہ اور عطاء نبوت کا اصول

1 ..... اس آیت میں سرورِ کائنات صَلَّى اللّٰهُ تَعَالٰى عَلَيْهِ وَاٰلِهٖ وَسَلَّمَ کو تسلی دی گئی ہے کہ آپ سردارانِ مکہ کی دشمنی سے پریشان نہ ہوں، آپ صَلَّى اللّٰهُ تَعَالٰى عَلَيْهِ وَاٰلِهٖ وَسَلَّمَ سے پہلے جو انبیاء کرام عَلَيْهِمُ الصَّلٰوةُ وَالسَّلَام گزرے وہ جس شہر میں مبعوث ہوئے وہاں کے سرداروں نے ان کی اسی طرح مخالفت کی تھی۔

وقفِ منزل
وقف لازم

مِثْلَ مَآ اُوْتِیَ رُسُلُ اللّٰهِ ؕۘ اَللّٰهُ اَعْلَمُ حَیْثُ یَجْعَلُ

مِثْلَ	مَآ	اُوْتِیَ	رُسُلُ اللّٰهِ	اَللّٰهُ	اَعْلَمُ	حَیْثُ	یَجْعَلُ
(اس کی) مثل	جیسا	دیا گیا	اللہ کے رسولوں (کو)	اللہ	خوب جانتا ہے	جہاں	وہ رکھے

ویسا ہی نہ ملے جیسا اللہ کے رسولوں کو دیا گیا۔ اللہ اسے خوب جانتا ہے جہاں وہ

رِسٰلَتَهٗ ؕ سَیُصِیْبُ الَّذِیْنَ اَجْرَمُوْا صَغَارٌ عِنْدَ اللّٰهِ وَ

رِسٰلَتَهٗ (1)	سَیُصِیْبُ	الَّذِیْنَ	اَجْرَمُوْا	صَغَارٌ	عِنْدَ اللّٰهِ	وَ
اپنی رسالت	عنقریب پہنچے گی	ان لوگوں کو جنہوں نے	جرم کئے	ذلت	اللہ کے ہاں	اور

اپنی رسالت رکھے۔ عنقریب مجرموں کو ان کے مکر و فریب کے بدلے میں اللہ کے ہاں

عَذَابٌ شَدِیْدٌۢ بِمَا كَانُوْا یَمْكُرُوْنَ ﴿۱۲۴﴾ فَمَنْ یُّرِدِ اللّٰهُ اَنْ

عَذَابٌ شَدِیْدٌۢ	بِمَا	كَانُوْا یَمْكُرُوْنَ ﴿۱۲۴﴾	فَمَنْ	یُّرِدِ	اللّٰهُ	اَنْ
شدید عذاب	(اس کے) بدلے جو	وہ مکر و فریب کرتے تھے	تو جسے	چاہتا ہے	اللہ	کہ

ذلت اور شدید عذاب پہنچے گا ○ اور جسے اللہ ہدایت دینا

یَّهْدِیَهٗ یَشْرَحْ صَدْرَهٗ لِلْاِسْلَامِ ۚ وَمَنْ یُّرِدْ اَنْ

یَّهْدِیَهٗ	یَشْرَحْ (2)	صَدْرَهٗ	لِلْاِسْلَامِ	وَ	مَنْ	یُّرِدْ	اَنْ
ہدایت دے اسے	(تو) وہ کھول دیتا ہے	اس کا سینہ	اسلام کے لئے	اور	جسے	چاہتا ہے	کہ

چاہتا ہے تو اس کا سینہ اسلام کے لیے کھول دیتا ہے اور جسے گمراہ کرنا

یُّضِلَّهٗ یَجْعَلْ صَدْرَهٗ ضَیِّقًا حَرَجًا كَاَنَّمَا یَصَّعَّدُ

یُّضِلَّهٗ	یَجْعَلْ	صَدْرَهٗ	ضَیِّقًا (3)	حَرَجًا	كَاَنَّمَا	یَصَّعَّدُ
گمراہ کر دے اسے	بنا دیتا ہے	اس کا سینہ	تنگ	بہت ہی تنگ	گویا کہ	وہ زبردستی چڑھ رہا ہے

چاہتا ہے اس کا سینہ تنگ، بہت ہی تنگ کر دیتا ہے گویا کہ وہ زبردستی آسمان پر

عنوان: مجرموں کا انجام | ہدایت و گمراہی کی نشانی

1 ...... اس سے معلوم ہوا کہ نبوت خاص عطائے الٰہی ہے۔ قومیت یا مال کی وجہ سے نبوت نہیں ملتی اور نہ ہی یہ ہے کہ اعمالِ صالحہ کر کے کوئی نبی بن جائے۔

2 ...... شرح کا معنی ہے ”کشادہ کرنا“ اور شرحِ صدر یعنی سینے کا کھل جانا یہ ہے کہ اللہ تعالیٰ بندے کے دل میں روشنی پیدا فرماتا ہے یہاں تک کے اس کا ہر عمل اللہ تعالیٰ کی مرضی کے مطابق ہو جاتا ہے۔ دل دنیا سے دور اور آخرت کی طرف راغب ہو جاتا ہے۔

3 ...... سینے کی تنگی یہ ہے کہ کفر کو پسند کرے اور اسلام کو برا سمجھے۔ یونہی نیکیوں سے رغبت ختم ہونا اور گناہوں کا شوق ہونا بھی دل کی تنگی میں داخل ہے۔

فِي السَّمَآءِ ؕ كَذٰلِكَ يَجْعَلُ اللّٰهُ الرِّجْسَ عَلَى الَّذِيْنَ لَا يُؤْمِنُوْنَ ﴿١٢٥﴾

فِي السَّمَآءِ (1)	كَذٰلِكَ	يَجْعَلُ	اللّٰهُ	الرِّجْسَ	عَلَى الَّذِيْنَ	لَا يُؤْمِنُوْنَ ﴿١٢٥﴾
آسمان میں	اسی طرح	ڈال دیتا ہے	اللہ	عذاب	ان لوگوں پر جو	ایمان نہیں لاتے

چڑھ رہا ہے۔ اسی طرح اللہ ایمان نہ لانے والوں پر عذاب مسلط کر دیتا ہے ○

وَهٰذَا صِرَاطُ رَبِّكَ مُسْتَقِيْمًا ؕ قَدْ فَصَّلْنَا الْاٰيٰتِ

وَ	هٰذَا	صِرَاطُ رَبِّكَ مُسْتَقِيْمًا	قَدْ	فَصَّلْنَا	الْاٰيٰتِ
اور	یہ	تمہارے رب کا سیدھا راستہ (ہے)	بیشک	ہم نے تفصیل سے بیان کر دیں	نشانیاں

اور یہ تمہارے رب کی سیدھی راہ ہے بیشک ہم نے نصیحت ماننے والوں کے لیے

لِقَوْمٍ يَّذَّكَّرُوْنَ ﴿١٢٦﴾ لَهُمْ دَارُ السَّلٰمِ عِنْدَ رَبِّهِمْ

لِقَوْمٍ	يَّذَّكَّرُوْنَ ﴿١٢٦﴾	لَهُمْ	دَارُ السَّلٰمِ (2)	عِنْدَ رَبِّهِمْ
(ان) لوگوں کے لئے	(جو) نصیحت قبول کرتے ہیں	ان کے لئے	سلامتی کا گھر	ان کے رب کے پاس

تفصیل سے آیتیں بیان کر دیں ○ ان کے لیے ان کے اعمال کے بدلے میں

وَهُوَ وَلِيُّهُمْ بِمَا كَانُوْا يَعْمَلُوْنَ ﴿١٢٧﴾ وَيَوْمَ

وَ	هُوَ	وَلِيُّهُمْ	بِمَا	كَانُوْا يَعْمَلُوْنَ ﴿١٢٧﴾	وَ	يَوْمَ
اور	وہ	ان کا مددگار (ہے)	(اس کے) بدلے جو	وہ عمل کرتے تھے	اور	(جس) دن

ان کے رب کے حضور سلامتی کا گھر ہے اور وہ ان کا مددگار ہے ○ اور (یاد کرو) وہ دن

يَحْشُرُهُمْ جَمِيْعًا ۚ يٰمَعْشَرَ الْجِنِّ قَدِ اسْتَكْثَرْتُمْ

يَحْشُرُهُمْ جَمِيْعًا	يٰمَعْشَرَ الْجِنِّ	قَدِ	اسْتَكْثَرْتُمْ
وہ جمع کرے گا ان سب کو	(اور فرمائے گا) اے جنوں کے گروہ	بیشک	تم نے بہت سے گھیر لئے

جب وہ اُن سب کو اٹھائے گا (اور فرمائے گا) اے جنوں کے گروہ! تم نے بہت سے لوگوں کو

عنوان: صراطِ مستقیم کا بیان | جنت اور مددِ الٰہی کی بشارت | بروز قیامت سرکش جنات سے خطاب

1 ...... اس سے معلوم ہوا کہ نیک کام بھاری معلوم ہونا اور گناہ کے کام میں راحت محسوس کرنا، سینے کی تنگی کی علامت ہے۔

2 ...... دارالسلام کے دو معنی ہیں (1) سلام اللہ تعالیٰ کا نام ہے، تو "دار السلام" کا معنی ہوا "اللہ تعالیٰ کا گھر" یعنی وہ گھر جس کی اضافت اللہ تعالیٰ کی طرف ہے اور یہ اضافت اس گھر یعنی جنت کی عزت افزائی کے لئے ہے جیسے بَیْتُ اللہ اور نَاقَةُ اللہ میں ہے۔ (2) اس کا دوسرا معنی ہے "سلامتی کا گھر" اور جنت کو "دارالسلام" اس لئے فرمایا ہے کہ جنت میں ہر قسم کی خرابیوں، تکلیفوں اور مشقتوں سے سلامتی ہے۔

مِّنَ الۡاِنۡسِ ۚ وَقَالَ اَوۡلِيٰٓـؤُهُمۡ مِّنَ الۡاِنۡسِ رَبَّنَا اسۡتَمۡتَعَ

مِّنَ الۡاِنۡسِ	وَ	قَالَ	اَوۡلِيٰٓـؤُهُمۡ مِّنَ الۡاِنۡسِ	رَبَّنَا	اسۡتَمۡتَعَ
انسانوں سے	اور	کہیں گے	انسانوں میں سے ان کے دوست	اے ہمارے رب	فائدہ اٹھایا

اپنا تابع بنالیا اور انسانوں میں سے جو ان کے دوست ہوں گے وہ کہیں گے: اے ہمارے رب! ہم نے

بَعۡضُنَا بِبَعۡضٍ وَّ بَلَغۡنَاۤ اَجَلَنَا الَّذِيۡۤ اَجَّلۡتَ

بَعۡضُنَا بِبَعۡضٍ	وَّ	بَلَغۡنَاۤ	اَجَلَنَا	الَّذِيۡۤ	اَجَّلۡتَ
ہمارے بعض نے بعض سے	اور	ہم پہنچ گئے	اپنی مدت (کو)	جو	تو نے مقرر فرمائی

ایک دوسرے سے فائدہ اٹھایا اور ہم اپنی اس مدت کو پہنچ گئے جو تو نے ہمارے لیے مقرر فرمائی

لَنَا ؕ قَالَ النَّارُ مَثۡوٰٮكُمۡ خٰلِدِيۡنَ فِيۡهَاۤ اِلَّا

لَنَا	قَالَ	النَّارُ	مَثۡوٰٮكُمۡ	خٰلِدِيۡنَ	فِيۡهَاۤ	اِلَّا
ہمارے لئے	اللہ فرمائے گا	آگ	تمہارا ٹھکانہ (ہے)	ہمیشہ رہنے والے	اس میں	مگر

تھی۔ اللہ فرمائے گا: آگ تمہارا ٹھکانہ ہے، تم ہمیشہ اس میں رہو گے مگر

مَا شَآءَ اللّٰهُ ؕ اِنَّ رَبَّكَ حَكِيۡمٌ عَلِيۡمٌ ﴿۱۲۸﴾ وَكَذٰلِكَ

مَا	شَآءَ (1)	اللّٰهُ	اِنَّ	رَبَّكَ	حَكِيۡمٌ	عَلِيۡمٌ ﴿۱۲۸﴾	وَ	كَذٰلِكَ
جسے	چاہے	اللہ	بیشک	تمہارا رب	حکمت والا	علم والا (ہے)	اور	اسی طرح

جسے خدا چاہے۔ بیشک تمہارا رب حکمت والا، علم والا ہے ○ اور یونہی

نُوَلِّيۡ بَعۡضَ الظّٰلِمِيۡنَ بَعۡضًۢا بِمَا كَانُوۡا يَكۡسِبُوۡنَ ﴿۱۲۹﴾ ع ١٥ ٨ ٢

نُوَلِّيۡ (2)	بَعۡضَ الظّٰلِمِيۡنَ بَعۡضًۢا	بِمَا	كَانُوۡا يَكۡسِبُوۡنَ ﴿۱۲۹﴾
ہم مسلط کر دیتے ہیں	بعض ظالموں کو بعض (پر)	(اس کے) سبب جو	وہ کام کرتے تھے

ہم ظالموں میں ایک کو دوسرے پر ان کے اعمال کے سبب مسلط کر دیتے ہیں ○

عنوان: جنات کے دوستوں کی حسرت و انجام | ظالم کی ظالم کے ذریعے گرفت

1 ...... کفار جہنم سے کبھی نکالے نہیں جائیں گے بلکہ ہمیشہ اس میں رہیں گے۔ یہاں آیت میں اِس استثناء کے دو معنی ہیں (1) وہ ہمیشہ جہنم میں رہیں گے لیکن قبر سے حشر تک اور میدان حشر میں حساب کتاب سے لے کر جہنم میں داخل ہونے تک جہنم میں نہ رہیں گے۔ (2) اس سے مراد وہ اوقات ہیں جن میں انہیں ایک عذاب سے دوسرے عذاب میں منتقل کیا جائے گا، جہنمی جب دوزخ کی آگ کی شدت سے فریاد کریں گے تو انہیں زَمْہَرِیْر یعنی سخت ٹھنڈے اور برفانی طبقے میں ڈال دیا جائے گا اور جب زَمْہَرِیْر کی ٹھنڈک سے گھبرا کر فریاد کریں گے تو انہیں پھر نارِ جہنم میں ڈال دیا جائے گا۔ 2 ...... اس آیت میں ظلم کرنے والوں=

يٰمَعْشَرَ الْجِنِّ وَ الْاِنْسِ اَلَمْ يَاْتِكُمْ رُسُلٌ مِّنْكُمْ يَقُصُّوْنَ

يٰمَعْشَرَ الْجِنِّ وَ الْاِنْسِ	اَلَمْ يَاْتِكُمْ	رُسُلٌ	مِّنْكُمْ (1)	يَقُصُّوْنَ
اے جنوں اور انسانوں کے گروہ	کیا نہیں آئے تمہارے پاس	رسول	تم میں سے	وہ بیان کرتے

اے جنوں اور آدمیوں کے گروہ ! کیا تمہارے پاس تم میں سے وہ رسول نہ آئے تھے جو تم پر

عَلَيْكُمْ اٰيٰتِيْ وَ يُنْذِرُوْنَكُمْ لِقَآءَ يَوْمِكُمْ هٰذَا ؕ قَالُوْا

عَلَيْكُمْ	اٰيٰتِيْ	وَ	يُنْذِرُوْنَكُمْ	لِقَآءَ يَوْمِكُمْ هٰذَا	قَالُوْا
تم پر	میری آیتیں	اور	ڈراتے تمہیں	تمہاری اس دن کی ملاقات (سے)	وہ کہیں گے

میری آیتیں پڑھتے تھے اور تمہیں تمہارے آج کے اس دن کی حاضری سے ڈراتے تھے ؟ وہ کہیں گے :

شَهِدْنَا عَلٰۤى اَنْفُسِنَا وَ غَرَّتْهُمُ الْحَيٰوةُ الدُّنْيَا وَ

شَهِدْنَا	عَلٰۤى اَنْفُسِنَا	وَ	غَرَّتْهُمُ	الْحَيٰوةُ الدُّنْيَا	وَ
ہم نے گواہی دی	اپنی جانوں پر (کے خلاف)	اور	دھوکے میں ڈال دیا انہیں	دنیا کی زندگی (نے)	اور

ہم اپنی جانوں کے خلاف گواہی دیتے ہیں اور انہیں دنیا کی زندگی نے دھوکے میں ڈال دیا اور

شَهِدُوْا عَلٰۤى اَنْفُسِهِمْ اَنَّهُمْ كَانُوْا كٰفِرِيْنَ ﴿۱۳۰﴾ ذٰلِكَ

شَهِدُوْا	عَلٰۤى اَنْفُسِهِمْ	اَنَّهُمْ	كَانُوْا	كٰفِرِيْنَ ﴿۱۳۰﴾	ذٰلِكَ (2)
وہ گواہی دیں گے	اپنی جانوں پر (کے خلاف)	کہ وہ	تھے	کفر کرنے والے	یہ (رسولوں کا بھیجنا)

وہ خود اپنی جانوں کے خلاف گواہی دیں گے کہ وہ کافر تھے ○ یہ

اَنْ لَّمْ يَكُنْ رَّبُّكَ مُهْلِكَ الْقُرٰى بِظُلْمٍ وَّ

اَنْ	لَّمْ يَكُنْ	رَّبُّكَ	مُهْلِكَ الْقُرٰى	بِظُلْمٍ	وَّ
(اس لئے) کہ	نہیں ہے	تمہارا رب	بستیوں کو ہلاک کرنے والا	ظلم سے	اور (جبکہ)

اس لیے ہے کہ تیرا رب بستیوں کو ظلم سے تباہ نہیں کرتا جبکہ

عنوان: قیامت میں کافر جنوں اور انسانوں سے مکالمہ — بدعملی کی دنیاوی سزا کا ایک قانون

= کو تنبیہ کی جارہی ہے کہ اگر وہ اپنے ظلم سے باز نہ آئے تو اللہ تعالیٰ ان پر دوسرا ظالم مسلط کردے گا جو انہیں ذلیل و خوار اور تباہ و برباد کردے گا۔

1 ...... رسول صرف انسانوں میں سے ہوتے ہیں جنات سے نہیں۔ چونکہ یہاں جن و انس دونوں سے خطاب ہے اس لئے تغلیباً یعنی جنوں کو انسانوں کے ماتحت شمار کرتے ہوئے مِنْكُمْ فرمایا گیا۔ بہر حال اس سے یہ ثابت نہیں ہوتا کہ جنات میں نبی آئے، ہاں جنات کے لئے نبی آئے مگر وہ انسان تھے۔

2 ...... جمہور مفسرین کے نزدیک اس اسم اشارہ کا مشار الیہ "رسولوں کا بھیجنا اور کفار کو عذاب الٰہی سے ڈرانا" ہے۔

اَهۡلُهَا غٰفِلُوۡنَ ﴿۱۳۱﴾ وَلِكُلٍّ دَرَجٰتٌ مِّمَّا

اَهۡلُهَا	غٰفِلُوۡنَ ﴿۱۳۱﴾	وَ	لِكُلٍّ	دَرَجٰتٌ	مِّمَّا
اس کے باشندے	بے خبر ہوں	اور	ہر ایک کے لئے	درجات (ہیں)	(اس کی) وجہ سے جو

ان کے لوگ بے خبر ہوں ○ اور ہر ایک کے لیے ان کے اعمال سے

عَمِلُوۡا ؕ وَمَا رَبُّكَ بِغَافِلٍ عَمَّا يَعۡمَلُوۡنَ ﴿۱۳۲﴾ وَ

عَمِلُوۡا (1)	وَ	مَا رَبُّكَ بِغَافِلٍ	عَمَّا	يَعۡمَلُوۡنَ ﴿۱۳۲﴾	وَ
انہوں نے عمل کئے	اور	تمہارا رب بے خبر نہیں	(اس) سے جو	وہ عمل کرتے ہیں	اور

درجات ہیں اور تیرا رب ان کے اعمال سے بے خبر نہیں ○ اور

رَبُّكَ الۡغَنِىُّ ذُو الرَّحۡمَةِ ؕ اِنۡ يَّشَاۡ يُذۡهِبۡكُمۡ وَ

رَبُّكَ	الۡغَنِىُّ	ذُو الرَّحۡمَةِ	اِنۡ	يَّشَاۡ	يُذۡهِبۡكُمۡ	وَ
تمہارا رب	بے پروا	رحمت والا (ہے)	اگر	وہ چاہے	(تو اے لوگو!) تمہیں لے جائے	اور

اے حبیب! تمہارا رب بے پرواہ ہے، رحمت والا ہے۔ اے لوگو! اگر وہ چاہے تو تمہیں لے جائے اور

يَسۡتَخۡلِفۡ مِنۡۢ بَعۡدِكُمۡ مَّا يَشَآءُ كَمَاۤ اَنۡشَاَكُمۡ

يَسۡتَخۡلِفۡ	مِنۡۢ بَعۡدِكُمۡ	مَّا	يَشَآءُ	كَمَاۤ	اَنۡشَاَكُمۡ
جانشین بنادے	تمہارے بعد	جسے	وہ چاہے	جیسے	اس نے پیدا کیا تمہیں

جسے چاہے تمہاری جگہ لے آئے جیسے اس نے تمہیں

مِّنۡ ذُرِّيَّةِ قَوۡمٍ اٰخَرِيۡنَ ﴿۱۳۳﴾ؕ اِنَّ مَا تُوۡعَدُوۡنَ لَاٰتٍ ۙ وَّ

مِّنۡ ذُرِّيَّةِ قَوۡمٍ اٰخَرِيۡنَ ﴿۱۳۳﴾	اِنَّ	مَا	تُوۡعَدُوۡنَ	لَاٰتٍ	وَّ
دوسرے لوگوں کی اولاد سے	بیشک	جس کا	تم سے وعدہ کیا جاتا ہے	ضرور آنے والی (ہے)	اور

دوسرے لوگوں کی اولاد سے پیدا کیا ○ بیشک جس کا تم سے وعدہ کیا جاتا ہے وہ ضرور آنے والی ہے اور

عنوان: نیک و بد کے درجات میں فرق | اللہ تعالیٰ کی شان رحمت و بے نیازی | وعدۂ الٰہی بہر صورت پورا ہونے کی خبر

(1)...... اس کا مطلب یہ ہے کہ ہر ایک کے لیے چاہے وہ نیک ہو یا گنہگار اس کے اچھے اور برے اعمال کے اعتبار سے درجے ہیں اور انہی کے مطابق ثواب اور عذاب ہوگا، یونہی نیک اعمال کے درجات مختلف ہوتے ہیں کہ ایک ہی عمل اخلاص اور نیتوں کے فرق کی وجہ سے ایک شخص کے لئے زیادہ ثواب کا اور دوسرے کے لئے کم ثواب کا باعث ہوتا ہے۔

مَآ اَنْتُمْ بِمُعْجِزِيْنَ ﴿١٣٤﴾ قُلْ يٰقَوْمِ اعْمَلُوْا عَلٰى مَكَانَتِكُمْ

مَآ	اَنْتُمْ	بِمُعْجِزِيْنَ ﴿١٣٤﴾	قُلْ	يٰقَوْمِ	اعْمَلُوْا (1)	عَلٰى مَكَانَتِكُمْ
نہیں	تم	بے بس کرنے والے	تم کہو	اے میری قوم	تم عمل کرتے رہو	اپنی جگہ پر

تم (اللہ کو) عاجز نہیں کرسکتے ○ تم فرماؤ، اے میری قوم! تم اپنی جگہ پر عمل کرتے رہو،

اِنِّیْ عَامِلٌ ۚ فَسَوْفَ تَعْلَمُوْنَ ۙ مَنْ تَكُوْنُ لَهٗ

اِنِّیْ	عَامِلٌ	فَسَوْفَ تَعْلَمُوْنَ	مَنْ تَكُوْنُ لَهٗ
بیشک میں	(اپنی جگہ پر) کام کرتا ہوں	تو عنقریب تم جان لوگے	کس کے لئے ہوتا ہے

میں اپنا کام کرتا ہوں تو عنقریب تم جان لوگے کہ آخرت کے گھر کا (اچھا) انجام

عَاقِبَةُ الدَّارِ ؕ اِنَّهٗ لَا يُفْلِحُ الظّٰلِمُوْنَ ﴿١٣٥﴾ وَ

عَاقِبَةُ الدَّارِ (2)	اِنَّهٗ	لَا يُفْلِحُ	الظّٰلِمُوْنَ ﴿١٣٥﴾	وَ
(آخرت کے) گھر کا (اچھا) انجام	بیشک وہ	فلاح نہیں پاتے	ظلم کرنے والے	اور

کس کے لئے ہے؟ بیشک ظالم فلاح نہیں پاتے ○ اور

جَعَلُوْا لِلّٰهِ مِمَّا ذَرَاَ مِنَ الْحَرْثِ وَالْاَنْعَامِ

جَعَلُوْا (3)	لِلّٰهِ	مِمَّا	ذَرَاَ	مِنَ الْحَرْثِ وَالْاَنْعَامِ
انہوں نے بنایا، مقرر کیا	اللہ کے لئے	(اس میں) سے جو	اس نے پیدا کیے	کھیتی اور مویشیوں سے

اللہ نے جو کھیتی اور مویشی پیدا کیے ہیں یہ مشرک ان میں سے ایک حصہ اللہ کے لئے

نَصِيْبًا فَقَالُوْا هٰذَا لِلّٰهِ بِزَعْمِهِمْ وَهٰذَا

نَصِيْبًا	فَقَالُوْا	هٰذَا	لِلّٰهِ	بِزَعْمِهِمْ	وَ	هٰذَا
ایک حصہ	پھر انہوں نے کہہ دیا	یہ	اللہ کے لئے (ہے)	اپنے گمان سے	اور	یہ

قرار دیتے ہیں پھر اپنے گمان سے کہتے ہیں کہ یہ حصہ تو اللہ کے لئے ہے اور یہ

عنوان: دنیا میں ہر عمل پر مہلت ملی ہوئی ہے | کفارِ مکہ کی چند جہالتیں اور گمراہیاں

1 ...... اس میں کفر یا گناہ کی اجازت نہیں بلکہ اظہارِ غضب کے لئے اس طرح فرمایا گیا ہے۔

2 ...... اس سے مراد یہ ہے کہ اگرچہ آج بھی فیصلہ ہو چکا کہ مومن جنتی ہے اور کافر دوزخی لیکن اعلانیہ چشم دید فیصلہ قیامت میں یا عذاب آتے وقت ہوگا۔

3 ...... یہاں زمانہ جاہلیت میں مشرکین کی ایک جہالت بتائی جارہی ہے کہ وہ اپنے مختلف مالوں سے اللہ تعالیٰ اور بتوں کے نام جدا جدا حصے مقرر کرتے ہیں، پھر اگر اللہ تعالیٰ کیلئے مقرر کردہ میں سے کچھ بتوں کے حصے میں مل جائے تو اسے واپس نہیں نکالتے لیکن اگر بتوں کا حصہ ادھر مل جاتا تو اسے نکال لیتے ہیں۔

لِشُرَكَآئِنَا ۚ فَمَا كَانَ لِشُرَكَآئِهِمْ فَلَا يَصِلُ اِلَى اللّٰهِ ۚ

لِشُرَكَآئِنَا	فَمَا	كَانَ	لِشُرَكَآئِهِمْ	فَلَا يَصِلُ	اِلَى اللّٰهِ
ہمارے شریکوں کے لئے (ہے)	توجو	ہے	ان کے شریکوں کے لئے	پس وہ نہیں پہنچتا	اللہ تک

ہمارے شریکوں کے لئے ہے توجو ان کے شریکوں کے لئے ہے وہ تو اللہ تک نہیں پہنچتا

وَمَا كَانَ لِلّٰهِ فَهُوَ يَصِلُ اِلٰى شُرَكَآئِهِمْ ؕ سَآءَ مَا

وَ	مَا	كَانَ	لِلّٰهِ	فَهُوَ	يَصِلُ	اِلٰى شُرَكَآئِهِمْ	سَآءَ	مَا
اور	جو	ہے	اللہ کے لئے	تو وہ	پہنچ جاتا ہے	ان کے شریکوں تک	کتنا برا ہے	جو

اور جو اللہ کے لئے ہے وہ ان کے شریکوں کو پہنچ جاتا ہے۔ کتنا برا

يَحْكُمُوْنَ ﴿۱۳۶﴾ وَكَذٰلِكَ زَيَّنَ لِكَثِيْرٍ مِّنَ الْمُشْرِكِيْنَ قَتْلَ اَوْلَادِهِمْ

يَحْكُمُوْنَ ﴿۱۳۶﴾	وَ	كَذٰلِكَ	زَيَّنَ	لِكَثِيْرٍ مِّنَ الْمُشْرِكِيْنَ	قَتْلَ اَوْلَادِهِمْ
وہ فیصلہ کرتے ہیں	اور	اسی طرح	عمدہ کر دکھایا	بہت سے مشرکوں کے لئے	اپنی اولاد کا قتل

یہ فیصلہ کرتے ہیں ○ اور یوں ہی بہت سے مشرکوں کی نگاہ میں ان کے شریکوں نے اولاد کا قتل

شُرَكَآؤُهُمْ لِيُرْدُوْهُمْ وَلِيَلْبِسُوْا عَلَيْهِمْ

شُرَكَآؤُهُمْ (1)	لِيُرْدُوْهُمْ	وَ	لِيَلْبِسُوْا	عَلَيْهِمْ
ان کے شریکوں (نے)	تاکہ وہ ہلاک کریں انہیں	اور	تاکہ خلط ملط کر دیں، مشتبہ کر دیں	ان پر

عمدہ کر دکھایا ہے تاکہ وہ انہیں ہلاک کریں اور ان کا دین اُن پر

دِيْنَهُمْ ؕ وَلَوْ شَآءَ اللّٰهُ مَا فَعَلُوْهُ فَذَرْهُمْ وَ

دِيْنَهُمْ	وَ	لَوْ	شَآءَ	اللّٰهُ	مَا فَعَلُوْهُ	فَذَرْهُمْ	وَ
ان کا دین	اور	اگر	چاہتا	اللہ	(تو) وہ نہ کرتے اسے	تو چھوڑ دو انہیں	اور

مشتبہ کر دیں اور اگر اللہ چاہتا تو وہ ایسا نہ کرتے تو تم انہیں اور

1 ...... یہاں شریکوں سے مراد وہ شیاطین ہیں جن کی اطاعت کے شوق میں مشرکین اللہ تعالیٰ کی نافرمانی اور اس کی معصیت گوارا کرتے تھے اور ایسے قبیح اور جاہلانہ افعال کے مرتکب ہوتے تھے کہ جن کو عقل صحیح کبھی گوارا نہ کرسکے اور جن کی قباحت میں ادنیٰ سمجھ کے آدمی کو بھی تردد نہ ہو۔ بت پرستی کی شامت سے وہ ایسے فساد عقل میں مبتلا ہوئے کہ حیوانوں سے بدتر ہوگئے کیونکہ اولاد کے ساتھ تو جانور بھی پیار کرتے ہیں لیکن یہ کفار شیاطین کی پیروی میں اولاد یعنی بیٹیوں کا بھی خون بہادیتے ہیں۔

مَا يَفْتَرُوْنَ ﴿۱۳۷﴾ وَ قَالُوْا هٰذِهٖٓ اَنْعَامٌ وَّ حَرْثٌ حِجْرٌ ۖ

مَا	يَفْتَرُوْنَ ﴿۱۳۷﴾	وَ	قَالُوْا (1)	هٰذِهٖٓ	اَنْعَامٌ	وَّ	حَرْثٌ	حِجْرٌ
جو	وہ بہتان تراشی کرتے ہیں	اور	انہوں نے کہا	یہ	مویشی	اور	کھیتی	ممنوع (ہے)

ان کے بہتانوں کو چھوڑ دو ○ اور مشرک اپنے خیال سے کہتے ہیں: یہ مویشی اور کھیتی ممنوع ہے،

لَّا يَطْعَمُهَآ اِلَّا مَنْ نَّشَآءُ بِزَعْمِهِمْ وَ اَنْعَامٌ

لَّا يَطْعَمُهَآ	اِلَّا	مَنْ	نَّشَآءُ	بِزَعْمِهِمْ	وَ	اَنْعَامٌ
نہیں کھائے گا اسے	مگر	وہ جسے	ہم چاہیں گے	(یہ) اپنے گمان سے (کہا)	اور	کچھ مویشی

اسے وہی کھائے جسے ہم چاہیں اور کچھ مویشی ایسے ہیں

حُرِّمَتْ ظُهُوْرُهَا وَ اَنْعَامٌ لَّا يَذْكُرُوْنَ اسْمَ اللّٰهِ عَلَيْهَا

حُرِّمَتْ	ظُهُوْرُهَا	وَ	اَنْعَامٌ	لَّا يَذْكُرُوْنَ	اسْمَ اللّٰهِ	عَلَيْهَا
حرام کردی گئیں	ان کی پشتیں (سواری کے لئے)	اور	کچھ مویشی	وہ نہیں لیتے	اللہ کا نام	ان پر

جن کی پیٹھوں (پر سواری) کو حرام کر دیا گیا اور کچھ مویشی وہ ہیں جن کے ذبح پر اللہ کا نام نہیں لیتے،

افْتِرَآءً عَلَيْهِ ؕ سَيَجْزِيْهِمْ بِمَا

افْتِرَآءً	عَلَيْهِ	سَيَجْزِيْهِمْ	بِمَا
(یہ سب) بہتان باندھتے ہوئے (کہا)	اس پر (یعنی اللہ پر)	عنقریب وہ بدلہ دے گا انہیں	(اس) کا جو

(یہ باتیں) اللہ پر جھوٹ باندھتے ہوئے (کہتے ہیں) عنقریب وہ انہیں ان کے

كَانُوْا يَفْتَرُوْنَ ﴿۱۳۸﴾ وَ قَالُوْا مَا فِيْ بُطُوْنِ هٰذِهِ الْاَنْعَامِ خَالِصَةٌ

كَانُوْا يَفْتَرُوْنَ ﴿۱۳۸﴾	وَ	قَالُوْا	مَا	فِيْ بُطُوْنِ هٰذِهِ الْاَنْعَامِ	خَالِصَةٌ
وہ بہتان باندھتے تھے	اور	انہوں نے کہا	جو	ان مویشیوں کے پیٹوں میں (ہے)	خالص

بہتانوں کا بدلہ دے گا ○ اور کہتے ہیں: ان مویشیوں کے پیٹ میں جو ہے وہ خالص

عنوان مویشیوں اور کھیتیوں سے متعلق کفار مکہ کے باطل نظریات

1 ......اس آیت میں کفار کی چند بدعملیوں کا ذکر ہے۔ (1) اپنے بعض کھیتوں کو بتوں کے نام پریوں وقف کرنا کہ اس کی پیداوار اور آمدنی صرف بتوں کے خادمین میں سے صرف مرد کھائیں، عورتیں نہ کھائیں۔ (2) بتوں کے نام پر جانور چھوڑ دینا جیسے بحیرہ، سائبہ وغیرہ جن سے کوئی کام نہ لیا جائے، نہ کسی کھیت سے انہیں ہٹایا جائے۔ کفار کے یہ دونوں کام تو شرک ہیں مگر شرعاً ان جانوروں کا گوشت کھانا حرام نہیں۔ اسی لئے جہاد میں صحابہ کرام رَضِیَ اللّٰہُ تَعَالٰی عَنْھُم ان تمام چیزوں پر قبضہ کرکے استعمال فرماتے تھے۔ (3) بتوں کے نام پر ذبح کرنا۔ یہ کام بھی شرک ہے اور اس ذبیحہ کا کھانا بھی حرام ہے اور یہ "مَاۤ اُهِلَّ بِهٖ لِغَیْرِ اللّٰهِ" میں داخل ہے۔

لِذُكُوْرِنَا وَمُحَرَّمٌ عَلٰٓى اَزْوَاجِنَا ۚ وَاِنْ يَّكُنْ

لِّذُكُوْرِنَا (1)	وَ	مُحَرَّمٌ	عَلٰٓى اَزْوَاجِنَا	وَ	اِنْ	يَّكُنْ
ہمارے مردوں کے لئے (ہے)	اور	حرام کیا گیا ہے	ہماری بیویوں پر	اور	اگر	وہ ہو

ہمارے مردوں کیلئے ہے اور ہماری عورتوں پر حرام ہے اور اگر وہ

مَّيْتَةً فَهُمْ فِيْهِ شُرَكَآءُ ؕ سَيَجْزِيْهِمْ

مَّيْتَةً	فَهُمْ	فِيْهِ	شُرَكَآءُ	سَيَجْزِيْهِمْ
مرا ہوا	تو وہ (سب)	اس میں	شریک (ہیں)	عنقریب بدلہ دے گا انہیں

مرا ہوا ہو تو پھر سب اس میں شریک ہیں۔ عنقریب اللہ انہیں ان کی باتوں کا

وَصْفَهُمْ ؕ اِنَّهٗ حَكِيْمٌ عَلِيْمٌ ﴿۱۳۹﴾ قَدْ خَسِرَ

وَصْفَهُمْ	اِنَّهٗ	حَكِيْمٌ	عَلِيْمٌ ﴿۱۳۹﴾	قَدْ	خَسِرَ (2)
ان کی باتوں (کا)	بیشک وہ	حکمت والا	علم والا (ہے)	بیشک	نقصان میں پڑے

بدلہ دے گا۔ بیشک وہ حکمت والا، علم والا ہے ○ بیشک وہ لوگ تباہ ہوگئے

الَّذِيْنَ قَتَلُوْٓا اَوْلَادَهُمْ سَفَهًاۢ بِغَيْرِ عِلْمٍ وَّ

الَّذِيْنَ	قَتَلُوْٓا	اَوْلَادَهُمْ	سَفَهًا	بِغَيْرِ عِلْمٍ	وَّ
وہ لوگ جنہوں نے	قتل کی	اپنی اولاد	بیوقوفی (کرتے ہوئے)	علم کے بغیر	اور

جو اپنی اولاد کو جہالت سے بیوقوفی کرتے ہوئے قتل کرتے ہیں اور

حَرَّمُوْا مَا رَزَقَهُمُ اللّٰهُ افْتِرَآءً عَلَى اللّٰهِ ؕ قَدْ

حَرَّمُوْا	مَا	رَزَقَهُمُ	اللّٰهُ	افْتِرَآءً	عَلَى اللّٰهِ	قَدْ
حرام قرار دیا	(اسے) جو	رزق دیا انہیں	اللہ (نے)	بہتان باندھتے (ہوئے)	اللہ پر	بیشک

اللہ نے جو رزق انہیں عطا فرمایا ہے اسے اللہ پر جھوٹ باندھتے ہوئے حرام قرار دیتے ہیں۔ بیشک

عنوان اولاد کا قتل اور حلال کو حرام ٹھہرانا گمراہی و نقصان کا سبب

1 ...... کفارِ عرب کا اعتقاد تھا کہ بحیرہ، سائبہ، اونٹنی کا بچہ اگر زندہ پیدا ہو تو صرف مرد کھا سکتے ہیں اور عورتیں نہیں کھا سکتیں اور اگر مردہ پیدا ہو تو عورت مرد سب کھا سکتے ہیں۔ اس آیت میں ان کے اس عقیدے کا ذکر ہے اور اس پر سخت وعید ہے۔

2 ...... اولاد اللہ تعالیٰ کی ایک عظیم نعمت ہے اور اسے قتل کر دینا دنیا و آخرت میں نقصان و تباہی کا باعث ہے اور اپنی دنیا اور آخرت دونوں تباہ کر لینا اور اولاد جیسی عزیز اور پیاری چیز کے ساتھ اس قسم کی سفاکی اور بے دردی گوارا کرنا انتہا درجہ کی حماقت اور جہالت ہے۔

ع ١٦ ٣ الربع

ضَلُّوْا وَمَا كَانُوْا مُهْتَدِيْنَ ﴿١٤٠﴾ ع وَهُوَ الَّذِيْۤ اَنْشَاَ

ضَلُّوْا	وَ	مَا كَانُوْا	مُهْتَدِيْنَ ﴿١٤٠﴾	وَ	هُوَ	الَّذِيْۤ	اَنْشَاَ
وہ گمراہ ہوگئے	اور	وہ نہیں تھے	ہدایت پانے والے	اور	وہی (ہے)	جس نے	پیدا کئے

یہ لوگ گمراہ ہوئے اور یہ ہدایت والے نہیں ہیں ○ اور وہی ہے جس نے کچھ باغات

جَنّٰتٍ مَّعْرُوْشٰتٍ وَّ غَيْرَ مَعْرُوْشٰتٍ وَّ النَّخْلَ وَ الزَّرْعَ

جَنّٰتٍ	مَّعْرُوْشٰتٍ	وَّ	غَيْرَ مَعْرُوْشٰتٍ	وَّ النَّخْلَ وَ الزَّرْعَ
کچھ باغات	(زمین پر) پھیلے ہوئے	اور	نہ پھیلے ہوئے	اور کھجور اور کھیتی (کو پیدا کیا)

زمین پر پھیلے ہوئے اور کچھ نہ پھیلے ہوئے (تنوں والے) اور کھجور اور کھیتی کو پیدا کیا

مُخْتَلِفًا اُكُلُهٗ وَ الزَّيْتُوْنَ وَ الرُّمَّانَ مُتَشَابِهًا وَّ

مُخْتَلِفًا اُكُلُهٗ	وَ الزَّيْتُوْنَ وَ الرُّمَّانَ	مُتَشَابِهًا	وَّ
ان کے کھانے مختلف (ہیں)	اور زیتون اور انار (کو پیدا کیا)	(کسی بات میں) ملتے جلتے	اور

جن کے کھانے مختلف ہیں اور زیتون اور انار (کو پیدا کیا، یہ سب) کسی بات میں آپس میں ملتے ہیں اور

غَيْرَ مُتَشَابِهٍ ؕ كُلُوْا مِنْ ثَمَرِهٖۤ اِذَاۤ اَثْمَرَ

غَيْرَ مُتَشَابِهٍ	كُلُوْا	مِنْ ثَمَرِهٖۤ	اِذَاۤ	اَثْمَرَ
(کسی میں) نہیں ملتے	تم کھاؤ	اس کے پھل سے	جب	وہ (درخت) پھل دے

کسی میں نہیں ملتے۔ جب وہ درخت پھل لائے تو اس کے پھل سے کھاؤ

وَ اٰتُوْا حَقَّهٗ يَوْمَ حَصَادِهٖ ۖ وَ لَا تُسْرِفُوْا ؕ اِنَّهٗ لَا يُحِبُّ

وَ	اٰتُوْا (1)	حَقَّهٗ	يَوْمَ حَصَادِهٖ	وَ	لَا تُسْرِفُوْا	اِنَّهٗ	لَا يُحِبُّ
اور	دو	اس کا حق	اس کی کٹائی کے دن	اور	فضول خرچی نہ کرو	بیشک وہ	پسند نہیں فرماتا

اور اس کی کٹائی کے دن اس کا حق دو اور فضول خرچی نہ کرو بیشک وہ فضول خرچی کرنے والوں کو

عنوان: باغات اور پھلوں میں قدرت الٰہی کے نمونے | فصلوں کا حق ادا کرنے کا حکم اور فضول خرچی کی ممانعت

(1)...... یہاں فصلوں کا حق ادا کرنے کا حکم ہے، اس میں سب سے پہلے تو عشر یعنی پیداوار کا دسواں حصہ یا نصف عشر یعنی پیداوار کا بیسواں حصہ داخل ہے اور اس کے علاوہ مساکین کو کچھ پھل وغیرہ دینا بھی پیداوار کے حقوق میں آتا ہے۔ اِس آیت میں اس بات کی دلیل بھی ہے کہ ہر پیداوار میں زکوٰۃ ہے، چاہے پیداوار کم ہو یا زیادہ، اس کے پھل سال تک رہیں یا نہ رہیں۔

الْمُسْرِفِيْنَ ۝١٤١ وَمِنَ الْاَنْعَامِ حَمُوْلَةً وَّ

الْمُسْرِفِيْنَ ۝١٤١	وَ	مِنَ الْاَنْعَامِ	حَمُوْلَةً	وَّ
فضول خرچی کرنے والوں (کو)	اور	مویشیوں میں سے	کچھ بوجھ اٹھانے والے	اور

پسند نہیں فرماتا ۝ اور مویشیوں میں سے کچھ بوجھ اٹھانے والے اور

فَرْشًا ؕ كُلُوْا مِمَّا رَزَقَكُمُ اللّٰهُ وَلَا تَتَّبِعُوْا

فَرْشًا	كُلُوْا	مِمَّا	رَزَقَكُمُ	اللّٰهُ	وَ	لَا تَتَّبِعُوْا
کچھ زمین پر بچھے (پیدا کئے)	کھاؤ	(اس میں) سے جو	رزق دیا تمہیں	اللہ (نے)	اور	پیروی نہ کرو

کچھ زمین پر بچھے ہوئے جانور (پیدا کئے)۔ اللہ نے تمہیں جو رزق عطا فرمایا ہے اس میں سے کھاؤ اور

خُطُوٰتِ الشَّيْطٰنِ ؕ اِنَّهٗ لَكُمْ عَدُوٌّ مُّبِيْنٌ ۝١٤٢ ثَمٰنِيَةَ اَزْوَاجٍ ۚ

خُطُوٰتِ الشَّيْطٰنِ	اِنَّهٗ	لَكُمْ	عَدُوٌّ مُّبِيْنٌ ۝١٤٢	ثَمٰنِيَةَ اَزْوَاجٍ (1)
شیطان کے قدموں (راستوں) کی	بیشک وہ	تمہارا	کھلا دشمن (ہے)	آٹھ جوڑے (پیدا کیے)

شیطان کے راستوں پر نہ چلو۔ بیشک وہ تمہارا کھلا دشمن ہے ۝ (اللہ نے) آٹھ نر و مادہ جوڑے (پیدا کیے۔)

مِنَ الضَّاْنِ اثْنَيْنِ وَمِنَ الْمَعْزِ اثْنَيْنِ ؕ قُلْ ءٰٓالذَّكَرَيْنِ حَرَّمَ

مِنَ الضَّاْنِ اثْنَيْنِ	وَ	مِنَ الْمَعْزِ اثْنَيْنِ	قُلْ	ءٰٓالذَّكَرَيْنِ	حَرَّمَ
ایک جوڑا بھیڑ سے	اور	ایک جوڑا بکری سے	تم کہو	کیا دونوں نر	اس نے حرام کیے

ایک جوڑا بھیڑ سے اور ایک جوڑا بکری سے۔ تم فرماؤ، کیا اس نے دونوں نر حرام کیے

اَمِ الْاُنْثَيَيْنِ اَمَّا اشْتَمَلَتْ عَلَيْهِ اَرْحَامُ الْاُنْثَيَيْنِ ؕ نَبِّـُٔوْنِيْ

اَمِ الْاُنْثَيَيْنِ	اَمَّا	اشْتَمَلَتْ	عَلَيْهِ	اَرْحَامُ الْاُنْثَيَيْنِ	نَبِّـُٔوْنِيْ (2)
یا دونوں مادہ	یا جو	لئے ہوئے ہیں	اس پر (اس کو)	دونوں ماداؤں کے پیٹ	مجھے خبر دو

یا دونوں مادہ یا وہ جسے دونوں مادہ جانور پیٹوں میں لئے ہوئے ہیں؟ اگر تم سچے ہو

عنوان حلال جانور کھانے کا حکم اور شیطان کی پیروی کی ممانعت — حلال جانوروں کو حرام ٹھہرانے والوں پر حجت

(1)...... اس آیت میں جانوروں کے آٹھ جوڑے بیان کئے گئے یعنی نر و مادہ اونٹ، گائے، بھیڑ، بکری کے جوڑے۔ جانور تو اس کے علاوہ بھی ہیں لیکن چونکہ اہلِ عرب کے سامنے زیادہ تر یہی جانور ہوتے تھے اور حرام و حلال کے جو انہوں نے قاعدے بنائے وہ بھی انہی کے بارے میں تھے اس لئے بطورِ خاص ان جوڑوں کا بیان کیا گیا۔ (2)...... اس سے معلوم ہوا کہ حلت کا دعویٰ کرنے والے سے دلیل نہ مانگی جائے گی بلکہ حرمت کا دعویٰ کرنے والے پر دلیل لانا لازم ہے۔ آج کل کچھ لوگ ہر چیز کے حلال ہونے پر دلیل مانگتے ہیں اور خود حرمت کی دلیل نہیں پیش کرتے۔ یہ اصول قرآن کے صریح خلاف ہے۔

بِعِلْمٍ اِنْ كُنْتُمْ صٰدِقِيْنَ ﴿۱۴۳﴾ وَمِنَ الْاِبِلِ اثْنَيْنِ وَ

بِعِلْمٍ	اِنْ	كُنْتُمْ	صٰدِقِيْنَ ﴿۱۴۳﴾	وَ	مِنَ الْاِبِلِ اثْنَيْنِ	وَ
علم کے ساتھ	اگر	تم ہو	سچے	اور	ایک جوڑا اونٹ سے	اور

تو علم کے ساتھ بتاؤ○ اور (اللہ نے نر اور مادہ کا) ایک جوڑا اونٹ سے اور

مِنَ الْبَقَرِ اثْنَيْنِ ؕ قُلْ ءٰٓالذَّكَرَيْنِ حَرَّمَ اَمِ الْاُنْثَيَيْنِ اَمَّا

مِنَ الْبَقَرِ اثْنَيْنِ	قُلْ	ءٰٓالذَّكَرَيْنِ	حَرَّمَ [1]	اَمِ الْاُنْثَيَيْنِ	اَمَّا
ایک جوڑا گائے سے (پیدا فرمایا)	تم کہو	کیا دونوں نر	اس نے حرام کئے	یا دونوں مادہ	یا جو

ایک جوڑا گائے سے (پیدا فرمایا۔) تم فرماؤ، کیا اس نے دونوں نر حرام کیے یا دونوں مادہ یا

اشْتَمَلَتْ عَلَيْهِ اَرْحَامُ الْاُنْثَيَيْنِ ؕ اَمْ كُنْتُمْ شُهَدَآءَ اِذْ

اشْتَمَلَتْ	عَلَيْهِ	اَرْحَامُ الْاُنْثَيَيْنِ	اَمْ	كُنْتُمْ	شُهَدَآءَ [2]	اِذْ
لئے ہوئے ہیں	اس پر (اس کو)	دونوں ماداؤں کے پیٹ	کیا	تم تھے	موجود	جب

وہ جسے دونوں مادہ جانور اپنے پیٹوں میں لئے ہوئے ہیں ؟ کیا تم اس وقت موجود تھے جب

وَصّٰىكُمُ اللّٰهُ بِهٰذَا ۚ فَمَنْ اَظْلَمُ مِمَّنِ افْتَرٰى

وَصّٰىكُمُ	اللّٰهُ	بِهٰذَا	فَمَنْ	اَظْلَمُ	مِمَّنِ	افْتَرٰى
حکم دیا تمہیں	اللہ (نے)	اس کا	تو کون	زیادہ ظالم	(اس) سے جو	بہتان باندھے

اللہ نے تمہیں یہ حکم دیا؟ تو اس سے بڑھ کر ظالم کون جو اللہ پر

عَلَى اللّٰهِ كَذِبًا لِّيُضِلَّ النَّاسَ بِغَيْرِ عِلْمٍ ؕ اِنَّ اللّٰهَ

عَلَى اللّٰهِ	كَذِبًا	لِّيُضِلَّ	النَّاسَ	بِغَيْرِ عِلْمٍ	اِنَّ	اللّٰهَ
اللہ پر	جھوٹ	تاکہ وہ گمراہ کرے	لوگوں (کو)	علم کے بغیر	بیشک	اللہ

جھوٹ باندھے ؟ تاکہ لوگوں کو اپنی جہالت سے گمراہ کرے۔ بیشک اللہ

1 ...... اس آیت کریمہ میں دورِ جاہلیت کے ان لوگوں کا رد ہے جو اپنی طرف سے حلال چیزوں کو حرام ٹھہرالیا کرتے تھے۔

2 ...... یعنی اللہ تعالیٰ نے تم سے براہ راست تو بیان فرمایا نہیں اور نبی اکرم صَلَّی اللّٰہُ تَعَالٰی عَلَیْہِ وَاٰلِہٖ وَسَلَّم کے ذریعے ان جانوروں کی حرمت آئی نہیں تو اب ان جانوروں کے حرام ہونے کی کیا صورت باقی رہی۔ لہٰذا جب یہ بات نہیں ہے تو حرمت کے ان احکام کو اللہ تعالیٰ کی طرف منسوب کرنا جھوٹ، باطل اور خالص بہتان ہے۔

ع
لَا یَهْدِی الْقَوْمَ الظّٰلِمِیْنَ ﴿۱۴۴﴾ قُلْ لَّاۤ اَجِدُ فِیْ مَاۤ اُوْحِیَ

لَا یَهْدِی	الْقَوْمَ الظّٰلِمِیْنَ ﴿۱۴۴﴾	قُلْ	لَّاۤ اَجِدُ [1]	فِیْ	مَاۤ	اُوْحِیَ
ہدایت نہیں دیتا	ظلم کرنے والی قوم (کو)	تم کہو	میں نہیں پاتا	(اس) میں	جو	وحی کی جاتی ہے

ظالموں کو ہدایت نہیں دیتا ○ تم فرماؤ، جو میری طرف وحی کی جاتی ہے، اُس میں

اِلَیَّ مُحَرَّمًا عَلٰی طَاعِمٍ یَّطْعَمُهٗۤ اِلَّاۤ اَنْ یَّكُوْنَ

اِلَیَّ	مُحَرَّمًا	عَلٰی طَاعِمٍ	یَّطْعَمُهٗۤ	اِلَّاۤ	اَنْ	یَّكُوْنَ
میری طرف	حرام کی ہوئی (کوئی چیز)	کسی کھانے والے پر	وہ کھاتا ہو اسے	مگر	یہ کہ	ہو

کسی کھانے والے پر میں کوئی کھانا حرام نہیں پاتا مگر یہ کہ

مَیْتَةً اَوْ دَمًا مَّسْفُوْحًا اَوْ لَحْمَ خِنْزِیْرٍ فَاِنَّهٗ رِجْسٌ اَوْ فِسْقًا

مَیْتَةً	اَوْ	دَمًا مَّسْفُوْحًا	اَوْ	لَحْمَ خِنْزِیْرٍ	فَاِنَّهٗ	رِجْسٌ	اَوْ	فِسْقًا
مردار	یا	بہتا خون	یا	خنزیر کا گوشت	کیونکہ وہ	ناپاک (ہے)	یا	نافرمانی (کا وہ جانور)

مردار ہو یا رگوں میں بہنے والا خون ہو یا سور کا گوشت ہو کیونکہ وہ ناپاک ہے یا وہ نافرمانی کا جانور ہو

ج
اُهِلَّ لِغَیْرِ اللّٰهِ بِهٖ فَمَنِ اضْطُرَّ غَیْرَ بَاغٍ

اُهِلَّ	لِغَیْرِ اللّٰهِ	بِهٖ	فَمَنِ	اضْطُرَّ	غَیْرَ بَاغٍ
(جسے ذبح کرتے وقت) پکارا گیا	اللہ کے غیر کا (نام)	اس پر	تو جو	مجبور ہو جائے	نہ خواہش والا

جس کے ذبح میں غیرُ اللہ کا نام پکارا گیا ہو تو جو مجبور ہو جائے (اور اس حال میں کھائے کہ) نہ خواہش (سے کھانے) والا ہو

وَّ لَا عَادٍ فَاِنَّ رَبَّكَ غَفُوْرٌ رَّحِیْمٌ ﴿۱۴۵﴾ وَ

وَّ	لَا	عَادٍ	فَاِنَّ	رَبَّكَ	غَفُوْرٌ	رَّحِیْمٌ ﴿۱۴۵﴾	وَ
اور	نہ	حد سے بڑھنے والا (ہو)	تو بیشک	تمہارا رب	بخشنے والا	مہربان (ہے)	اور

اور نہ ضرورت سے بڑھنے والا تو بے شک آپ کا رب بخشنے والا مہربان ہے ○ اور

عنوان: حرام جانوروں کا بیان | شرعی مجبور کے لئے حرام چیز کھانے کی رخصت | یہودیوں پر چند حرام چیزوں کا بیان

[1]...... مجموعی طور پر اس آیت کے متعلق چند احکام ہیں: (1) حرمت شریعت کی جانب سے ثابت ہوتی ہے نہ کہ نفسانی خواہش سے۔ (2) بہتا ہوا خون حرام ہے اگرچہ نکل کر جم جائے، البتہ تلّی، کلیجی حلال ہے اور یہ ویسے بھی جما ہوا خون ہوتا ہے۔ (3) ہر نجس چیز حرام ہے مگر ہر حرام چیز نجس نہیں۔ (4) سور کی ہر چیز حرام ہے کیونکہ وہ نجس العین ہے۔ (5) سور کی کوئی چیز ذبح کرنے یا پکانے سے پاک نہیں ہو سکتی۔ (6) جانور کی زندگی میں اس پر کسی کے نام پکارنے کا نہیں بلکہ ذبح کے وقت کا اعتبار ہے۔ (7) بتوں کے نام پر جانور ذبح کرنا فسق اعتقادی یعنی کفر ہے۔ (8) شرعی مجبوری کی حالت میں مردار وغیرہ چیزیں بقدر ضرورت ==

عَلَى الَّذِيْنَ هَادُوْا حَرَّمْنَا كُلَّ ذِيْ ظُفُرٍ ۚ وَ مِنَ الْبَقَرِ وَ الْغَنَمِ

عَلَى الَّذِيْنَ	هَادُوْا	حَرَّمْنَا	كُلَّ ذِيْ ظُفُرٍ (1)	وَ	مِنَ الْبَقَرِ وَ الْغَنَمِ
ان لوگوں پر جو	یہودی ہوئے	ہم نے حرام کر دیا	ہر ناخن والا (جانور)	اور	گائے اور بکری سے

ہم نے یہودیوں پر ہر ناخن والا جانور حرام کر دیا اور ہم نے ان پر

حَرَّمْنَا عَلَيْهِمْ شُحُوْمَهُمَاۤ اِلَّا مَا حَمَلَتْ

حَرَّمْنَا	عَلَيْهِمْ	شُحُوْمَهُمَاۤ (2)	اِلَّا	مَا	حَمَلَتْ
ہم نے حرام کر دیں	ان پر	ان دونوں کی چربیاں	سوائے	(اس چربی کے) جو	اٹھا رکھی ہو

گائے اور بکری کی چربی حرام کر دی سوائے اس چربی کے جو

ظُهُوْرُهُمَاۤ اَوِ الْحَوَايَاۤ اَوْ مَا اخْتَلَطَ بِعَظْمٍ ؕ ذٰلِكَ جَزَيْنٰهُمْ

ظُهُوْرُهُمَاۤ اَوِ الْحَوَايَاۤ	اَوْ	مَا	اخْتَلَطَ	بِعَظْمٍ	ذٰلِكَ	جَزَيْنٰهُمْ
ان کی پیٹھوں یا انتڑیوں (نے)	یا	جو	ملی ہوئی ہو	ہڈی کے ساتھ	یہ	ہم نے بدلہ دیا انہیں

ان کی پیٹھ کے ساتھ یا انتڑیوں سے لگی ہو یا جو چربی ہڈی سے ملی ہوئی ہو۔ ہم نے یہ ان کی سرکشی کا

بِبَغْيِهِمْ ۖ٘ وَ اِنَّا لَصٰدِقُوْنَ ﴿۱۴۶﴾ فَاِنْ كَذَّبُوْكَ فَقُلْ

بِبَغْيِهِمْ	وَ	اِنَّا	لَصٰدِقُوْنَ ﴿۱۴۶﴾	فَاِنْ	كَذَّبُوْكَ	فَقُلْ
ان کی سرکشی کا	اور	بیشک ہم	ضرور سچے (ہیں)	پھر اگر	وہ جھٹلائیں تمہیں	تو تم کہو

بدلہ دیا اور بیشک ہم ضرور سچے ہیں ○ پھر اگر وہ تمہیں جھٹلائیں تو تم فرماؤ

رَّبُّكُمْ ذُوْ رَحْمَةٍ وَّاسِعَةٍ ۚ وَ لَا يُرَدُّ بَاْسُهٗ عَنِ الْقَوْمِ الْمُجْرِمِيْنَ ﴿۱۴۷﴾

رَّبُّكُمْ	ذُوْ رَحْمَةٍ وَّاسِعَةٍ	وَ	لَا يُرَدُّ	بَاْسُهٗ	عَنِ الْقَوْمِ الْمُجْرِمِيْنَ ﴿۱۴۷﴾
تمہارا رب	وسیع رحمت والا (ہے)	اور	ٹالا نہیں جاتا	اس کا عذاب	جرم کرنے والی قوم سے

کہ تمہارا رب وسیع رحمت والا ہے اور اس کا عذاب مجرموں پر سے نہیں ٹالا جاتا ○

عنوان: اللہ تعالیٰ کی رحمت اور عذاب

=حلال ہوں گی۔ (9) اگر اندازے میں غلطی کر کے ضرورت سے زیادہ ایک آدھ لقمہ کھا لیا تو پکڑ نہ ہو گی۔

(1) ...... یہاں ناخن سے مراد انگلی ہے خواہ انگلیاں بیچ سے پھٹی ہوں جیسے کتا اور درندے یا نہ پھٹی ہوں بلکہ کھر کی صورت میں ہوں جیسے اونٹ، شتر مرغ اور بطخ وغیرہ۔ بعض مفسرین کا قول ہے کہ یہاں بطورِ خاص شتر مرغ، بطخ اور اُونٹ مراد ہیں۔ جانور یہ یہودیوں پر حرام تھے۔ (2) ...... یہودیوں پر گائے، بکری کا گوشت وغیرہ حلال تھا لیکن ان کی چربی حرام تھی البتہ جو چربی گائے بکری کی پیٹھ میں لگی ہو یا آنت یا ہڈی سے ملی ہو وہ ان کے لئے حلال تھی۔ یہودی چونکہ اپنی سرکشی=

سَيَقُوْلُ الَّذِيْنَ اَشْرَكُوْا لَوْ شَآءَ اللّٰهُ مَآ اَشْرَكْنَا

سَيَقُوْلُ (1)	الَّذِيْنَ	اَشْرَكُوْا	لَوْ	شَآءَ	اللّٰهُ	مَآ اَشْرَكْنَا
عنقریب کہیں گے	وہ لوگ جنہوں نے	شرک کیا	اگر	چاہتا	اللہ	(تو) ہم شرک نہ کرتے

اب مشرک کہیں گے کہ اگر اللہ چاہتا تو نہ ہم شرک کرتے

وَلَآ اٰبَآؤُنَا وَلَا حَرَّمْنَا مِنْ شَيْءٍ ؕ كَذٰلِكَ كَذَّبَ

وَ	لَآ	اٰبَآؤُنَا	وَ	لَا	حَرَّمْنَا	مِنْ شَيْءٍ	كَذٰلِكَ	كَذَّبَ
اور	نہ	ہمارے باپ دادا	اور	نہ	ہم حرام قرار دیتے	کوئی چیز	اسی طرح	جھٹلایا

اور نہ ہمارے باپ دادا اور نہ ہی ہم کسی چیز کو حرام قرار دیتے۔ ان سے پہلے لوگوں نے بھی

الَّذِيْنَ مِنْ قَبْلِهِمْ حَتّٰى ذَاقُوْا بَاْسَنَا ؕ قُلْ

الَّذِيْنَ	مِنْ قَبْلِهِمْ	حَتّٰى	ذَاقُوْا	بَاْسَنَا	قُلْ
ان لوگوں نے جو	ان سے پہلے (تھے)	یہاں تک کہ	انہوں نے چکھا	ہمارا عذاب	تم کہو

ایسے ہی جھٹلایا تھا یہاں تک کہ ہمارا عذاب چکھا۔ تم فرماؤ،

هَلْ عِنْدَكُمْ مِّنْ عِلْمٍ فَتُخْرِجُوْهُ لَنَا ؕ اِنْ تَتَّبِعُوْنَ

هَلْ	عِنْدَكُمْ	مِّنْ عِلْمٍ	فَتُخْرِجُوْهُ	لَنَا	اِنْ	تَتَّبِعُوْنَ
کیا	تمہارے پاس	کوئی علم (ہے)	تو تم نکالو اسے	ہمارے لئے	نہیں	تم پیروی کرتے

کیا تمہارے پاس کوئی علم ہے تو اسے ہمارے لئے نکالو۔ تم تو صرف جھوٹے خیال کے

اِلَّا الظَّنَّ وَاِنْ اَنْتُمْ اِلَّا تَخْرُصُوْنَ ﴿۱۴۸﴾ قُلْ

اِلَّا	الظَّنَّ	وَ	اِنْ	اَنْتُمْ	اِلَّا	تَخْرُصُوْنَ ﴿۱۴۸﴾	قُلْ
مگر	گمان (کی)	اور	نہیں	تم	مگر	اندازے لگارہے ہو	تم کہو

پیروکار ہو اور تم یونہی غلط اندازے لگارہے ہو ○ تم فرماؤ

عنوان شرک کو مشیتِ الٰہی قرار دینے والوں کو جواب — کامل دلیل اللہ ہی کے پاس ہے

= کے باعث ان چیزوں سے محروم کئے گئے تھے لہٰذا یہ چیزیں اُن پر حرام رہیں اور ہماری شریعت میں گائے بکری کی چربی اور اونٹ، بطخ اور شتر مرغ حلال ہیں۔

(1) ...... اس آیت میں غیبی خبر ہے کہ مشرک جو آئندہ کہنے والے تھے، اس سے پہلے ہی خبردار کر دیا گیا۔

فَلِلّٰهِ الْحُجَّةُ الْبَالِغَةُ ۚ فَلَوْ شَآءَ لَهَدٰىكُمْ اَجْمَعِيْنَ ﴿۱۴۹﴾ قُلْ

فَلِلّٰهِ الْحُجَّةُ الْبَالِغَةُ (1)	فَلَوْ	شَآءَ	لَهَدٰىكُمْ اَجْمَعِيْنَ ﴿۱۴۹﴾	قُلْ
تو کامل دلیل اللہ کی (ہے)	تو اگر	وہ چاہتا	(تو) ضرور تم سب کو ہدایت دے دیتا	تم کہو

تو کامل دلیل اللہ ہی کی ہے تو اگر وہ چاہتا تو تم سب کو ہدایت دے دیتا ○ تم فرماؤ،

هَلُمَّ شُهَدَآءَكُمُ الَّذِيْنَ يَشْهَدُوْنَ اَنَّ اللّٰهَ حَرَّمَ هٰذَا ۚ فَاِنْ

هَلُمَّ (2)	شُهَدَآءَكُمُ	الَّذِيْنَ	يَشْهَدُوْنَ	اَنَّ	اللّٰهَ	حَرَّمَ	هٰذَا	فَاِنْ
لے آؤ	اپنے گواہ	وہ لوگ جو	گواہی دیں	کہ	اللہ (نے)	حرام کیا ہے	اسے	پھر اگر

اپنے وہ گواہ لے آؤ جو گواہی دیں کہ اللہ نے اس چیز کو حرام کیا ہے (جسے تم حرام کہتے ہو) پھر اگر

شَهِدُوْا فَلَا تَشْهَدْ مَعَهُمْ ۚ وَلَا تَتَّبِعْ

شَهِدُوْا	فَلَا تَشْهَدْ (3)	مَعَهُمْ	وَ	لَا تَتَّبِعْ
وہ گواہی دے دیں	تو (اے مخاطب) تم گواہی نہ دینا	ان کے ساتھ	اور	پیچھے نہ چلنا

وہ گواہی دے بیٹھیں تو اے سننے والے! تو ان کے ساتھ گواہی نہ دینا اور ان لوگوں کی

اَهْوَآءَ الَّذِيْنَ كَذَّبُوْا بِاٰيٰتِنَا وَالَّذِيْنَ

اَهْوَآءَ الَّذِيْنَ	كَذَّبُوْا	بِاٰيٰتِنَا	وَ	الَّذِيْنَ
ان لوگوں کی خواہشات کے جنہوں نے	جھٹلایا	ہماری آیتوں کو	اور	(نہ) ان لوگوں کی جو

خواہشوں کے پیچھے نہ چلنا جو ہماری آیتوں کو جھٹلاتے ہیں اور جو

ع ۱۸ ۵

لَا يُؤْمِنُوْنَ بِالْاٰخِرَةِ وَهُمْ بِرَبِّهِمْ يَعْدِلُوْنَ ﴿۱۵۰﴾ ع قُلْ

لَا يُؤْمِنُوْنَ	بِالْاٰخِرَةِ	وَ	هُمْ	بِرَبِّهِمْ	يَعْدِلُوْنَ ﴿۱۵۰﴾	قُلْ
ایمان نہیں لاتے	آخرت پر	اور	وہ	اپنے رب کے	برابر والے ٹھہراتے ہیں	تم کہو

آخرت پر ایمان نہیں لاتے اور وہ اپنے رب کے برابر ٹھہراتے ہیں ○ تم فرماؤ،

عنوان کفار سے گواہی کا مطالبہ اور جھوٹی گواہی کی ممانعت | شرک کی ممانعت اور والدین کے ساتھ نیک سلوک کا حکم

1 ...... اس آیت کا معنی یہ ہے کہ ایسی دلیل جو تمام تر شکوک وشبہات کو جڑ سے اکھاڑ دے وہ صرف اللہ تعالیٰ ہی کے پاس ہے۔

2 ...... یہ گواہی اس لئے طلب کی گئی کہ ظاہر ہو جائے کہ کفار کے پاس کوئی سچا گواہ نہیں ہے اور جو وہ کہتے ہیں وہ ان کی اپنی تراشیدہ باتیں ہیں۔

3 ...... اس میں تنبیہ ہے کہ اگر کوئی ایسی شہادت دے بھی دے تو وہ محض خواہش کی اتباع اور کذب و باطل ہو گی۔ اس سے معلوم ہوا کہ جھوٹی گواہی بھی حرام ہے اور اس کی تصدیق وتائید بھی اور جھوٹے آدمی کی وکالت بھی کیونکہ گناہ کے کام میں مدد کرنا بھی گناہ ہے۔

تَعَالَوْا اَتْلُ مَا حَرَّمَ رَبُّكُمْ عَلَيْكُمْ

تَعَالَوْا	اَتْلُ	مَا	حَرَّمَ	رَبُّكُمْ	عَلَيْكُمْ
آؤ	میں پڑھ کر سنادوں	(وہ چیزیں) جنہیں	حرام کیا	تمہارے رب (نے)	تمہارے اوپر

آؤ میں تمہیں پڑھ کر سناؤں جو تم پر تمہارے رب نے حرام کیا

اَلَّا تُشْرِكُوْا بِهٖ شَیْــٴًـا وَّ بِالْوَالِدَیْنِ

اَلَّا تُشْرِكُوْا	بِهٖ	شَیْــٴًـا	وَّ	بِالْوَالِدَیْنِ
(وہ یہ) کہ تم شریک نہ ٹھہراؤ	اس کے ساتھ	کسی چیز (کو)	اور	ماں باپ کے ساتھ

وہ یہ کہ اس کے ساتھ کسی کو شریک نہ ٹھہراؤ اور ماں باپ کے ساتھ

اِحْسَانًا ۚ وَ لَا تَقْتُلُوْۤا اَوْلَادَكُمْ مِّنْ اِمْلَاقٍ ؕ نَحْنُ

اِحْسَانًا	وَ	لَا تَقْتُلُوْۤا	اَوْلَادَكُمْ	مِّنْ اِمْلَاقٍ [1]	نَحْنُ
احسان، بھلائی (کرو)	اور	قتل نہ کرو	اپنی اولاد	تنگدستی (کے ڈر) سے	ہم

بھلائی کرو اور مفلسی کے باعث اپنی اولاد قتل نہ کرو، ہم

نَرْزُقُكُمْ وَ اِیَّاهُمْ ۚ وَ لَا تَقْرَبُوا الْفَوَاحِشَ مَا ظَهَرَ

نَرْزُقُكُمْ	وَ	اِیَّاهُمْ	وَ	لَا تَقْرَبُوْا	الْفَوَاحِشَ	مَا	ظَهَرَ
رزق دیں گے تمہیں	اور	انہیں	اور	قریب نہ جاؤ	بے حیائیوں (کے)	وہ جو	ظاہر ہیں

تمہیں اور انہیں سب کو رزق دیں گے اور ظاہری و باطنی بے حیائیوں کے

مِنْهَا وَ مَا بَطَنَ ۚ وَ لَا تَقْتُلُوا النَّفْسَ الَّتِیْ

مِنْهَا	وَ	مَا	بَطَنَ	وَ	لَا تَقْتُلُوْا	النَّفْسَ	الَّتِیْ
ان میں سے	اور	جو	پوشیدہ ہیں	اور	قتل نہ کرو	(اس) جان (کو)	جس کا (قتل)

پاس نہ جاؤ اور جس جان (کے قتل) کو اللہ نے حرام کیا ہے

عنوان: مفلسی کے خوف سے اولاد کو قتل کرنے کی ممانعت — ظاہری باطنی بے حیائیوں سے بچنے کا حکم — ناحق قتل کی ممانعت

1 ...... دور جاہلیت میں اولاد کو قتل کرنے کے بنیادی اسباب میں سے ایک سبب یہ بھی تھا کہ وہ اس ڈر سے اپنی اولاد قتل کر دیتے تھے کہ غربت کی وجہ سے انہیں کھلائیں پلائیں گے کہاں سے اور ان کے لباس اور دیگر ضروریات کا انتظام کیسے کریں گے۔ افسوس! فی زمانہ بہت سے مسلمان بھی دور جاہلیت کے کفار کا طریقہ اختیار کئے ہوئے ہیں اور وہ بھی نو مولود یا ماں کے پیٹ میں ہی بچے کو قتل کروا دیتے ہیں کہ ان کی پرورش، تعلیم اور تربیت کے اخراجات کہاں سے پورے کریں گے اور یہ عمل خاص طور پر اس وقت کرتے ہیں جب انہیں معلوم ہو جاتا ہے کہ ماں کے پیٹ میں پلنے والی جان بچی ہے۔

حَرَّمَ اللّٰهُ اِلَّا بِالْحَقِّ ؕ ذٰلِكُمْ وَصّٰكُمْ بِهٖ

حَرَّمَ	اللّٰهُ	اِلَّا	بِالْحَقِّ (1)	ذٰلِكُمْ	وَصّٰكُمْ	بِهٖ
حرام قرار دیا ہے	اللہ (نے)	مگر	حق کے ساتھ	یہ	اللہ نے حکم دیا تمہیں	اس کا

اسے ناحق نہ مارو۔ تمہیں یہ حکم فرمایا ہے

لَعَلَّكُمْ تَعْقِلُوْنَ ﴿۱۵۱﴾ وَلَا تَقْرَبُوْا مَالَ الْيَتِيْمِ اِلَّا بِالَّتِيْ هِيَ

لَعَلَّكُمْ	تَعْقِلُوْنَ ﴿۱۵۱﴾	وَ	لَا تَقْرَبُوْا (2)	مَالَ الْيَتِيْمِ	اِلَّا	بِالَّتِيْ	هِيَ
تاکہ تم	سمجھ جاؤ	اور	قریب نہ جاؤ	یتیم کے مال (کے)	مگر	(اس طریقے) سے جو	وہ

تاکہ تم سمجھ جاؤ○ اور یتیموں کے مال کے پاس نہ جاؤ مگر بہت اچھے طریقہ

اَحْسَنُ حَتّٰى يَبْلُغَ اَشُدَّهٗ ۚ وَاَوْفُوا الْكَيْلَ وَ

اَحْسَنُ	حَتّٰى	يَبْلُغَ	اَشُدَّهٗ	وَ	اَوْفُوا	الْكَيْلَ	وَ
بہت اچھا (ہو)	یہاں تک کہ	وہ پہنچ جائے	اپنی جوانی (کو)	اور	پورا کرو	ناپ	اور

سے حتّٰی کہ وہ اپنی جوانی (کی عمر) کو پہنچ جائے اور ناپ اور تول

الْمِيْزَانَ بِالْقِسْطِ ۚ لَا نُكَلِّفُ نَفْسًا اِلَّا وُسْعَهَا ۚ

الْمِيْزَانَ	بِالْقِسْطِ	لَا نُكَلِّفُ	نَفْسًا	اِلَّا	وُسْعَهَا
تول	انصاف کے ساتھ	ہم بوجھ نہیں ڈالتے	کسی جان (پر)	مگر	اس کی طاقت (کے برابر)

انصاف کے ساتھ پورا کرو۔ ہم کسی جان پر اس کی طاقت کے برابر ہی بوجھ ڈالتے ہیں

وَاِذَا قُلْتُمْ فَاعْدِلُوْا وَلَوْ كَانَ ذَا قُرْبٰى ۚ وَبِعَهْدِ اللّٰهِ

وَ	اِذَا	قُلْتُمْ (3)	فَاعْدِلُوْا	وَلَوْ	كَانَ	ذَا قُرْبٰى	وَ	بِعَهْدِ اللّٰهِ
اور	جب	تم بات کرو	تو عدل کرو	اگرچہ	وہ ہو	قرابت والا، رشتہ دار	اور	اللہ کے عہد کو

اور جب بات کرو تو عدل کرو اگرچہ تمہارے رشتے دار کا معاملہ ہو اور اللہ ہی کا عہد

عنوان یتیموں کے مال اور دیگر معاملات سے متعلق چند احکام

1 ...... چند صورتیں ایسی ہیں کہ جن میں حاکمِ اسلام کیلئے مجرم کو قتل کرنے کی اجازت ہے جیسے قاتل کو قصاص میں، شادی شدہ زانی کو رجم میں اور مرتد کو سزا کے طور پر قتل کرنا البتہ یہ یاد رہے کہ قتلِ برحق کی جو صورتیں بیان ہوئیں ان پر عام لوگ عمل نہیں کرسکتے بلکہ اس کی اجازت صرف حاکمِ اسلام کو ہے۔

2 ...... اس کا مطلب یہ ہے کہ یتیم کے مال کے پاس اس طریقے سے جاؤ جس سے اس کا فائدہ ہو اور جب وہ اپنی جوانی کی عمر کو پہنچ جائے اس وقت اس کا مال اس کے سپرد کر دو۔ 3 ...... یعنی خواہ گواہی دو یا فتویٰ دو یا حاکم بن کر فیصلہ کرو کچھ بھی ہو انصاف سے ہو اس میں قرابت یا وجاہت کا لحاظ نہ ہو۔

اَوْفُوْا ۭ ذٰلِكُمْ وَصّٰىكُمْ بِهٖ لَعَلَّكُمْ تَذَكَّرُوْنَ ۝١٥٢ۙ وَ

اَوْفُوْا	ذٰلِكُمْ	وَصّٰىكُمْ	بِهٖ	لَعَلَّكُمْ	تَذَكَّرُوْنَ ۝١٥٢	وَ
پورا کرو	یہ	اللہ نے تاکید فرمائی تمہیں	اس کی	تا کہ تم	نصیحت حاصل کرو	اور

پورا کرو۔(اللہ نے) تمہیں یہ تاکید فرمائی ہے تا کہ نصیحت حاصل کرو ○ اور

اَنَّ هٰذَا صِرَاطِيْ مُسْتَقِيْمًا فَاتَّبِعُوْهُ ۚ وَلَا تَتَّبِعُوا

اَنَّ	هٰذَا (1)	صِرَاطِيْ مُسْتَقِيْمًا	فَاتَّبِعُوْهُ	وَ	لَا تَتَّبِعُوا
(اس لئے) کہ	یہ (ہے)	میرا سیدھا راستہ	تو تم چلو اس پر	اور	نہ چلو

یہ کہ یہ میرا سیدھا راستہ ہے تو اس پر چلو اور دوسری راہوں پر

السُّبُلَ فَتَفَرَّقَ بِكُمْ عَنْ سَبِيْلِهٖ ۭ ذٰلِكُمْ

السُّبُلَ (2)	فَتَفَرَّقَ	بِكُمْ	عَنْ سَبِيْلِهٖ	ذٰلِكُمْ
(دوسرے) راستوں (پر)	(اگر چلے) تو وہ جدا کر دیں گے	تم کو	اس (اللہ) کے راستے سے	یہ

نہ چلو ورنہ وہ راہیں تمہیں اس کے راستے سے جدا کر دیں گی۔ تمہیں

وَصّٰىكُمْ بِهٖ لَعَلَّكُمْ تَتَّقُوْنَ ۝١٥٣ ثُمَّ اٰتَيْنَا مُوْسَى

وَصّٰىكُمْ	بِهٖ	لَعَلَّكُمْ	تَتَّقُوْنَ ۝١٥٣	ثُمَّ	اٰتَيْنَا	مُوْسَى
اللہ نے حکم دیا تمہیں	اس کا	تا کہ تم	پرہیزگار ہو جاؤ	پھر	ہم نے دی	موسیٰ (کو)

یہ حکم فرمایا ہے تا کہ تم پرہیزگار ہو جاؤ ○ پھر ہم نے موسیٰ کو

الْكِتٰبَ تَمَامًا عَلَى الَّذِيْٓ اَحْسَنَ وَ

الْكِتٰبَ	تَمَامًا	عَلَى	الَّذِيْٓ	اَحْسَنَ	وَ
کتاب	(تا کہ احسان) پورا (ہو)	(اس آدمی) پر	جس نے	نیکی کی	اور

کتاب عطا فرمائی تا کہ نیک آدمی پر احسان پورا ہو اور

عنوان: سیدھا راستہ صرف ایک ہے یعنی اسلام | تورات کی شان

1 ...... اس سے معلوم ہوا کہ عقائد کی درستی، عبادات کی ادائیگی، معاملات کی صفائی اور حقوق کا ادا کرنا سیدھا راستہ ہے۔ جو ان میں سے کسی میں کوتاہی کرتا ہے وہ سیدھے راستے پر نہیں۔ عقیدہ بمنزلہ شرط و بنیاد ہے کہ جس کے بغیر اعمال اصلاً معتبر نہیں جبکہ عبادات و معاملات میں بھی کثیر چیزیں فرض و واجب کے درجے میں ہیں۔ 2 ...... یہاں دوسرے راستوں سے مراد وہ راستے ہیں جو اسلام کے خلاف ہوں یہودیت ہو یا نصرانیت یا اور کوئی ملت یا اسلام ہی کا نام لے کر کوئی کفریہ راستہ اپنانا جیسے قادیانی ہیں۔

تَفۡصِيۡلًا لِّكُلِّ شَيۡءٍ وَّهُدًى وَّرَحۡمَةً لَّعَلَّهُمۡ بِلِقَآءِ رَبِّهِمۡ

تَفۡصِيۡلًا لِّكُلِّ شَيۡءٍ	وَّ	هُدًى	وَّ	رَحۡمَةً	لَّعَلَّهُمۡ	بِلِقَآءِ رَبِّهِمۡ
ہر چیز کی تفصیل (ہو)	اور	ہدایت	اور	رحمت (ہو)	تاکہ وہ	اپنے رب سے ملنے پر

ہر شے کی تفصیل ہو اور ہدایت و رحمت ہو کہ کہیں وہ اپنے رب سے ملنے پر

۱۹ ع ۴ ۲

يُؤۡمِنُوۡنَ ﴿۱۵۴﴾ ع وَهٰذَا كِتٰبٌ اَنۡزَلۡنٰهُ مُبٰرَكٌ فَاتَّبِعُوۡهُ وَ

يُؤۡمِنُوۡنَ ﴿۱۵۴﴾	وَ	هٰذَا	كِتٰبٌ	اَنۡزَلۡنٰهُ	مُبٰرَكٌ	فَاتَّبِعُوۡهُ (1)	وَ
ایمان لائیں	اور	یہ	کتاب	ہم نے نازل کیا اسے	برکت والی	تو تم پیروی کرو اس کی	اور

ایمان لائیں ○ اور یہ برکت والی کتاب ہے جسے ہم نے نازل کیا ہے، تو تم اس کی پیروی کرو اور

اتَّقُوۡا لَعَلَّكُمۡ تُرۡحَمُوۡنَ ﴿۱۵۵﴾ لا اَنۡ تَقُوۡلُوۡۤا اِنَّمَاۤ اُنۡزِلَ

اتَّقُوۡا	لَعَلَّكُمۡ	تُرۡحَمُوۡنَ ﴿۱۵۵﴾	اَنۡ	تَقُوۡلُوۡۤا	اِنَّمَاۤ	اُنۡزِلَ
پرہیز گار بنو	تاکہ تم	تم پر رحم کیا جائے	(اس لئے نازل کی) کہ	تم (نہ) کہو	صرف	نازل کی گئی

پرہیز گار بنو تاکہ تم پر رحم کیا جائے ○ (اس لئے اترا) تاکہ تم یہ (نہ) کہو کہ کتاب تو

الۡكِتٰبُ عَلٰى طَآئِفَتَيۡنِ مِنۡ قَبۡلِنَا ص وَاِنۡ كُنَّا عَنۡ دِرَاسَتِهِمۡ

الۡكِتٰبُ	عَلٰى طَآئِفَتَيۡنِ	مِنۡ قَبۡلِنَا	وَ	اِنۡ	كُنَّا	عَنۡ دِرَاسَتِهِمۡ
کتاب	دو گروہوں پر	ہم سے پہلے	اور	بیشک	ہم تھے	ان کے پڑھنے پڑھانے سے

ہم سے پہلے دو گروہوں پر اُتری تھی اور ہمیں ان کے پڑھنے پڑھانے کی

لَغٰفِلِيۡنَ ﴿۱۵۶﴾ لا اَوۡ تَقُوۡلُوۡا لَوۡ اَنَّاۤ اُنۡزِلَ عَلَيۡنَا الۡكِتٰبُ

لَغٰفِلِيۡنَ ﴿۱۵۶﴾	اَوۡ	تَقُوۡلُوۡا	لَوۡ	اَنَّاۤ	اُنۡزِلَ	عَلَيۡنَا	الۡكِتٰبُ
ضرور بے خبر	یا	تم (یہ نہ) کہو	اگر	بیشک	نازل کی جاتی	ہمارے اوپر	کتاب

کچھ خبر نہ تھی ○ یا (تاکہ تم یہ نہ) کہو کہ اگر ہم پر کتاب اُترتی

عنوان قرآن مجید کی پیروی کا حکم | نزول قرآن لوگوں پر اِتمام حجت ہے

1 ...... قرآن مجید کا ایک حق یہ ہے کہ اس کی پیروی کی جائے۔ افسوس! فی زمانہ قرآن کریم پر عمل کے اعتبار سے مسلمانوں کا حال انتہائی ناگفتہ بہ ہے، آج مسلمانوں نے اس کتاب کی روزانہ تلاوت کرنے کی بجائے اسے گھروں میں جزدان و غلاف کی زینت بنا کر اور دکانوں پر کاروبار میں برکت کے لئے رکھا ہوا ہے اور تلاوت کرنے والے بھی صحیح طریقے سے تلاوت نہیں کرتے ہیں اور سمجھنے والوں کی تعداد تو اور بھی قلیل ہے۔

لَكُنَّآ اَهْدٰى مِنْهُمْ ۚ فَقَدْ جَآءَكُمْ بَيِّنَةٌ

لَكُنَّآ (1)	اَهْدٰى مِنْهُمْ	فَقَدْ	جَآءَكُمْ	بَيِّنَةٌ
ضرور ہم ہوتے	ان سے زیادہ ہدایت یافتہ	تو بیشک	آگئی تمہارے پاس	روشن دلیل

تو ہم ان سے زیادہ ہدایت یافتہ ہوتے تو تمہارے پاس تمہارے رب کی

مِّنْ رَّبِّكُمْ وَهُدًى وَّرَحْمَةٌ ۚ فَمَنْ اَظْلَمُ مِمَّنْ

مِّنْ رَّبِّكُمْ	وَ	هُدًى	وَّ	رَحْمَةٌ	فَمَنْ	اَظْلَمُ	مِمَّنْ
تمہارے رب کی طرف سے	اور	ہدایت	اور	رحمت	تو کون	زیادہ ظالم	(اس) سے جو

روشن دلیل اور ہدایت اور رحمت آگئی ہے تو اس سے زیادہ ظالم کون جو

كَذَّبَ بِاٰيٰتِ اللّٰهِ وَصَدَفَ عَنْهَا ؕ سَنَجْزِى الَّذِيْنَ

كَذَّبَ	بِاٰيٰتِ اللّٰهِ	وَ	صَدَفَ	عَنْهَا	سَنَجْزِى	الَّذِيْنَ
جھٹلائے	اللہ کی آیتوں کو	اور	منہ پھیرے	ان سے	عنقریب ہم سزا دیں گے	ان لوگوں کو جو

اللہ کی آیتوں کو جھٹلائے اور ان سے منہ پھیرے۔ عنقریب وہ لوگ جو

يَصْدِفُوْنَ عَنْ اٰيٰتِنَا سُوْٓءَ الْعَذَابِ بِمَا كَانُوْا يَصْدِفُوْنَ ﴿١٥٧﴾

يَصْدِفُوْنَ	عَنْ اٰيٰتِنَا	سُوْٓءَ الْعَذَابِ	بِمَا	كَانُوْا يَصْدِفُوْنَ ﴿١٥٧﴾
منہ پھیرتے ہیں	ہماری آیتوں سے	برے عذاب (کی)	(اس کے) سبب کہ	وہ منہ پھیرتے تھے

ہماری آیتوں سے منہ پھیرتے ہیں ہم انہیں ان کے منہ پھیرنے کی وجہ سے برے عذاب کی سزا دیں گے ○

هَلْ يَنْظُرُوْنَ اِلَّآ اَنْ تَاْتِيَهُمُ الْمَلٰٓئِكَةُ اَوْ

هَلْ	يَنْظُرُوْنَ	اِلَّآ	اَنْ	تَاْتِيَهُمُ	الْمَلٰٓئِكَةُ	اَوْ
کیا (یعنی نہیں)	وہ انتظار کر رہے ہیں	مگر	(اس کا) کہ	آجائیں ان کے پاس	فرشتے	یا

وہ صرف اسی چیز کا انتظار کر رہے ہیں کہ ان کے پاس فرشتے آجائیں یا

عنوان: عظمت قرآن اور جھٹلانے والوں کے لئے وعید | ظہور حق کے باوجود ایمان نہ لانے والوں کو تنبیہ

(1)...... کفارِ عرب کی ایک جماعت نے کہا تھا کہ یہود و نصاریٰ پر توریت و انجیل نازل ہوئیں مگر وہ بے عقل ان کتابوں سے ہدایت حاصل نہ کر سکے ہم اُن کی طرح خفیف العقل اور نادان نہیں ہیں ہماری عقلیں صحیح ہیں اور ہماری عقل و ذہانت اور فہم و فراست تو ایسی ہے کہ اگر ہم پر کتاب اُترتی تو ہم ان سے زیادہ سیدھی راہ پر ہوتے۔ ان کے بارے میں یہ آیت نازل ہوئی کہ اب تو قرآن نازل ہو گیا تو اب اس پر عمل کیوں نہیں کرتے؟

يَاْتِيَ رَبُّكَ اَوْ يَاْتِيَ بَعْضُ اٰيٰتِ رَبِّكَ ؕ يَوْمَ

يَوْمَ	بَعْضُ اٰيٰتِ رَبِّكَ	يَاْتِيَ	اَوْ	رَبُّكَ	يَاْتِيَ
(جس) دن	تمہارے رب کی بعض نشانیاں	آجائیں	یا	تمہارے رب (کا عذاب)	آجائے

تمہارے رب کا عذاب آجائے یا تمہارے رب کی کچھ نشانیاں آجائیں۔ جس دن

يَاْتِيْ بَعْضُ اٰيٰتِ رَبِّكَ لَا يَنْفَعُ نَفْسًا

نَفْسًا	لَا يَنْفَعُ	بَعْضُ اٰيٰتِ رَبِّكَ	يَاْتِيْ
کسی جان (کو)	(اس دن) نفع نہیں دے گا	تمہارے رب کی بعض نشانیاں	آجائیں گی

تیرے رب کی بعض نشانیاں آجائیں گی اس دن کسی شخص کو اس کا ایمان قبول کرنا

اِيْمَانُهَا لَمْ تَكُنْ اٰمَنَتْ مِنْ قَبْلُ اَوْ كَسَبَتْ

كَسَبَتْ	اَوْ	مِنْ قَبْلُ	لَمْ تَكُنْ اٰمَنَتْ	اِيْمَانُهَا
(جس نے نہیں) کمائی	یا	(اس) سے پہلے	(جو جان) ایمان نہیں لائی تھی	اس کا ایمان (لانا)

نفع نہ دے گا جو اس سے پہلے ایمان نہ لایا ہو گا یا جس نے

فِيْۤ اِيْمَانِهَا خَيْرًا ؕ قُلِ انْتَظِرُوْۤا اِنَّا مُنْتَظِرُوْنَ ﴿۱۵۸﴾ اِنَّ

اِنَّ	مُنْتَظِرُوْنَ ﴿۱۵۸﴾	اِنَّا	انْتَظِرُوْۤا	قُلِ	خَيْرًا (1)	فِيْۤ اِيْمَانِهَا
بیشک	انتظار کرنے والے (ہیں)	بیشک ہم	تم انتظار کرو	تم کہو	کوئی بھلائی	اپنے ایمان میں

اپنے ایمان میں کوئی بھلائی نہ حاصل کی ہو گی۔ تم فرمادو: تم بھی انتظار کرو اور ہم بھی منتظر ہیں ○ بیشک

الَّذِيْنَ فَرَّقُوْا دِيْنَهُمْ وَ كَانُوْا شِيَعًا لَّسْتَ

لَّسْتَ	شِيَعًا	كَانُوْا	وَ	دِيْنَهُمْ	فَرَّقُوْا	الَّذِيْنَ (2)
تم نہیں ہو	مختلف گروہ	وہ ہو گئے	اور	اپنا دین	ٹکڑے ٹکڑے کر دیا	وہ لوگ جنہوں نے

وہ لوگ جنہوں نے اپنے دین کے ٹکڑے ٹکڑے کر دیے اور خود مختلف گروہ بن گئے اے حبیب!

عنوان دین میں فرقہ بندی کرنے والوں کے لئے وعید

1 ......اس کے معنی یہ ہیں کہ مغرب کی جانب سے سورج طلوع ہونے سے پہلے جس گنہگار مومن نے توبہ نہ کی تو اس کے بعد اس کی توبہ مقبول نہیں۔

2 ......ان لوگوں سے مراد یہودی اور عیسائی ہیں جو مختلف فرقوں میں تقسیم ہو گئے تھے، یا ان سے تمام مشرکین مراد ہیں جو مختلف چیزوں کی پوجا کرتے ہیں۔

مِنْهُمْ فِیْ شَیْءٍ ؕ اِنَّمَاۤ اَمْرُهُمْ اِلَی اللّٰهِ ثُمَّ

مِنْهُمْ	فِیْ شَیْءٍ	اِنَّمَاۤ	اَمْرُهُمْ	اِلَی اللّٰهِ	ثُمَّ
ان کی طرف سے	کسی چیز میں (جوابدہ)	صرف	ان کا معاملہ	اللہ کی طرف (ہے)	پھر

آپ کا ان سے کوئی تعلق نہیں۔ ان کا معاملہ صرف اللہ کے حوالے ہے پھر

یُنَبِّئُهُمْ بِمَا كَانُوْا یَفْعَلُوْنَ ﴿۱۵۹﴾ مَنْ جَآءَ بِالْحَسَنَةِ

یُنَبِّئُهُمْ	بِمَا	كَانُوْا یَفْعَلُوْنَ ﴿۱۵۹﴾	مَنْ	جَآءَ بِالْحَسَنَةِ
وہ خبر دے گا انہیں	(اس) کی جو	وہ کیا کرتے تھے	جو	ایک نیکی لائے

وہ انہیں بتادے گا جو کچھ وہ کیا کرتے تھے ○ جو ایک نیکی لائے

فَلَهٗ عَشْرُ اَمْثَالِهَا ۚ وَ مَنْ جَآءَ بِالسَّیِّئَةِ

فَلَهٗ	عَشْرُ اَمْثَالِهَا (1)	وَ	مَنْ	جَآءَ بِالسَّیِّئَةِ
تو اس کے لیے	اس جیسی دس (نیکیاں ہیں)	اور	جو	برائی لائے

تو اس کے لیے اس جیسی دس نیکیاں ہیں اور جو کوئی برائی لائے

فَلَا یُجْزٰۤی اِلَّا مِثْلَهَا وَ هُمْ لَا یُظْلَمُوْنَ ﴿۱۶۰﴾ قُلْ

فَلَا یُجْزٰۤی	اِلَّا	مِثْلَهَا	وَ	هُمْ	لَا یُظْلَمُوْنَ ﴿۱۶۰﴾	قُلْ
تو اسے بدلہ نہیں دیا جائے گا	مگر	اس کی مثل	اور	ان پر	ظلم نہیں کیا جائے گا	تم کہو

تو اسے صرف اتنا ہی بدلہ دیا جائے گا اور ان پر ظلم نہیں کیا جائے گا ○ تم فرماؤ،

اِنَّنِیْ هَدٰىنِیْ رَبِّیْۤ اِلٰی صِرَاطٍ مُّسْتَقِیْمٍ ۚ۬ دِیْنًا قِیَمًا

اِنَّنِیْ	هَدٰىنِیْ	رَبِّیْۤ	اِلٰی صِرَاطٍ مُّسْتَقِیْمٍ	دِیْنًا قِیَمًا
بیشک میں	ہدایت دی مجھے	میرے رب (نے)	سیدھے راستے کی طرف	(یہ) مضبوط دین (ہے)

بیشک مجھے میرے رب نے سیدھے راستے کی طرف ہدایت فرمائی، (یہ) مضبوط دین ہے

عنوان: نیکی پر دس گنا ثواب اور گناہ کا بدلہ برابر | حضور صَلَّی اللّٰہُ تَعَالٰی عَلَیْہِ وَاٰلِہٖ وَسَلَّمَ کا صراطِ مستقیم پر ہونا

(1)...... ایک نیکی کرنے والے کو دس نیکیوں کی جزاء ملے گی اور یہ کوئی انتہائی مقدار نہیں بلکہ یہ تو فضلِ الٰہی کی ابتدا ہے۔ اللہ تعالیٰ جس کے لئے جتنا چاہے اس کی نیکیوں کو بڑھائے ایک کے سات سو کرے یا بے حساب عطا فرمائے۔

مِلَّةَ اِبْرٰهِيْمَ حَنِيْفًا ۚ وَمَا كَانَ مِنَ الْمُشْرِكِيْنَ ﴿۱۶۱﴾ قُلْ

مِلَّةَ اِبْرٰهِيْمَ	حَنِيْفًا	وَ	مَا كَانَ	مِنَ الْمُشْرِكِيْنَ ﴿۱۶۱﴾	قُلْ (1)
ابراہیم کی ملت	ہر باطل سے جدا	اور	وہ نہیں تھے	مشرکوں میں سے	تم کہو

جو ہر باطل سے جدا ابراہیم کی ملت ہے اور وہ مشرکوں میں سے نہیں تھے ۝ تم فرماؤ،

اِنَّ صَلَاتِيْ وَنُسُكِيْ وَمَحْيَايَ وَمَمَاتِيْ

اِنَّ	صَلَاتِيْ	وَ	نُسُكِيْ	وَ	مَحْيَايَ	وَ	مَمَاتِيْ
بیشک	میری نماز	اور	میری قربانیاں (یا، دیگر) عبادتیں	اور	میرا جینا	اور	میرا مرنا

بیشک میری نماز اور میری قربانیاں اور میرا جینا اور میرا مرنا

لِلّٰهِ رَبِّ الْعٰلَمِيْنَ ﴿۱۶۲﴾ لَا شَرِيْكَ لَهٗ ۚ وَبِذٰلِكَ اُمِرْتُ

لِلّٰهِ رَبِّ الْعٰلَمِيْنَ ﴿۱۶۲﴾	لَا شَرِيْكَ لَهٗ	وَ	بِذٰلِكَ	اُمِرْتُ
تمام جہانوں کے رب اللہ کے لیے (ہے)	اس کا کوئی شریک نہیں	اور	اسی کا	مجھے حکم دیا گیا ہے

سب اللہ کے لیے ہے جو سارے جہانوں کا رب ہے ۝ اس کا کوئی شریک نہیں، اسی کا مجھے حکم دیا گیا ہے

وَاَنَا اَوَّلُ الْمُسْلِمِيْنَ ﴿۱۶۳﴾ قُلْ اَغَيْرَ اللّٰهِ اَبْغِيْ رَبًّا

وَ	اَنَا	اَوَّلُ الْمُسْلِمِيْنَ ﴿۱۶۳﴾ (2)	قُلْ	اَغَيْرَ اللّٰهِ	اَبْغِيْ	رَبًّا
اور	میں	سب سے پہلا مسلمان (ہوں)	تم کہو	کیا اللہ کے علاوہ	میں تلاش کرلوں	رب

اور میں سب سے پہلا مسلمان ہوں ۝ تم فرماؤ، کیا اللہ کے سوا اور رب طلب کروں

وَّهُوَ رَبُّ كُلِّ شَيْءٍ ؕ وَلَا تَكْسِبُ كُلُّ نَفْسٍ اِلَّا

وَّ	هُوَ	رَبُّ كُلِّ شَيْءٍ	وَ	لَا تَكْسِبُ	كُلُّ نَفْسٍ	اِلَّا
اور (حالانکہ)	وہ	ہر چیز کا رب (ہے)	اور	نہیں کمائے گی	ہر جان	مگر

حالانکہ وہ ہر چیز کا رب ہے اور ہر شخص جو عمل کرے گا وہ اسی کے

عنوان: عبادت، زندگی اور موت سب اللہ کیلئے ہو | اقرارِ ربوبیت | ہر کوئی صرف اپنے عمل کا ذمہ دار ہے

1 ...... یہاں جو فرمایا گیا وہ حقیقتاً ایک مومن کی زندگی کی عکاسی ہے کہ مسلمان کا جینا، مرنا، اور عبادت و ریاضت سب کچھ اللہ عَزَّوَجَلَّ کیلئے ہونا چاہئے۔ زندگی اللہ عَزَّوَجَلَّ کی رضا کے کاموں میں صرف ہو۔ یونہی مرنا حالتِ ایمان میں ہو اور ہو سکے تو کلمہ حق بلند کرنے کیلئے ہو۔ یونہی عبادت کا شرک جلی سے پاک ہونا تو بہر حال ایمانیات میں داخل ہے، عبادت شرکِ خفی یعنی ریاکاری سے بھی پاک ہو اور خالصتاً اللہ عَزَّوَجَلَّ کی رضا و خوشنودی کیلئے ہو۔ 2 ...... حضور صَلَّی اللہُ تَعَالٰی عَلَیْہِ وَاٰلِہٖ وَسَلَّم کا نور تمام مخلوق سے پہلے پیدا ہوا، یونہی یومِ الست میں سب سے پہلے اللہ تعالیٰ کی ربوبیت کا اقرار کیا اور امت کیلئے بھی ایمان و اسلام کا اول نمونہ =

عَلَیْهَا ۚ وَ لَا تَزِرُ وَازِرَةٌ وِّزْرَ اُخْرٰى ۚ ثُمَّ

عَلَیْهَا	وَ	لَا تَزِرُ	وَازِرَةٌ	وِّزْرَ اُخْرٰى (1)	ثُمَّ
اسی پر (اس کا وبال ہے)	اور	نہیں اٹھائے گی	کوئی بوجھ اٹھانے والی جان	دوسرے کا بوجھ	پھر

ذمہ ہے اور کوئی بوجھ اٹھانے والا آدمی کسی دوسرے آدمی کا بوجھ نہیں اٹھائے گا پھر

اِلٰى رَبِّكُمْ مَّرْجِعُكُمْ فَیُنَبِّئُكُمْ بِمَا كُنْتُمْ

اِلٰى رَبِّكُمْ	مَّرْجِعُكُمْ	فَیُنَبِّئُكُمْ	بِمَا	كُنْتُمْ
تمہارے رب کی طرف	تمہارا لوٹنا (ہے)	تو وہ خبر دے گا تمہیں	(اس) کی جو	تم تھے

تمہیں اپنے رب کی طرف لوٹنا ہے تو وہ تمہیں بتادے گا جس میں

فِیْهِ تَخْتَلِفُوْنَ ﴿۱۶۴﴾ وَ هُوَ الَّذِیْ جَعَلَكُمْ

فِیْهِ	تَخْتَلِفُوْنَ ﴿۱۶۴﴾	وَ	هُوَ	الَّذِیْ	جَعَلَكُمْ
اس میں	اختلاف کرتے	اور	وہی (ہے)	جس نے	بنایا تمہیں

اختلاف کرتے تھے ○ اور وہی ہے جس نے زمین میں

خَلٰٓىٕفَ الْاَرْضِ وَ رَفَعَ بَعْضَكُمْ فَوْقَ بَعْضٍ دَرَجٰتٍ

خَلٰٓىٕفَ الْاَرْضِ	وَ	رَفَعَ	بَعْضَكُمْ	فَوْقَ بَعْضٍ	دَرَجٰتٍ
زمین میں (ایک دوسرے کا) جانشین	اور	بلندی دی	تمہارے بعض (کو)	بعض کے اوپر	کئی درجے

تمہیں نائب بنایا اور تم میں ایک کو دوسرے پر کئی درجے بلندی عطا فرمائی

لِّیَبْلُوَكُمْ فِیْ مَاۤ اٰتٰىكُمْ ؕ اِنَّ رَبَّكَ

لِّیَبْلُوَكُمْ	فِیْ	مَاۤ	اٰتٰىكُمْ	اِنَّ	رَبَّكَ
تاکہ وہ آزمائے تمہیں	(اس چیز) میں	جو	اس نے عطا کی تمہیں	بیشک	تمہارا رب

تاکہ وہ تمہیں اس چیز میں آزمائے جو اس نے تمہیں عطا فرمائی ہے بیشک تمہارا رب

عنوان: لوگوں میں باہمی تفاوت کا مقصد امتحان ہے

= آپ صَلَّی اللہُ تَعَالٰی عَلَیْہِ وَاٰلِہٖ وَسَلَّم کی ہی ذات ہے۔

(1)...... یعنی مجرم گناہ سے بالکل بری ہو جائے اور کسی دوسرے پر اس کے گناہ ڈال دیئے جائیں یہ نہیں ہو سکتا اور یونہی ایک آدمی کے گناہ دوسرے پر بغیر کسی سبب کے ڈال دیئے جائیں یہ بھی نہیں ہو سکتا البتہ جو آدمی گناہ کا طریقہ ایجاد کرے یا دوسرے کو گمراہ کرے یا گناہ کے راستے پر لگائے تو یہ اپنے ان افعال کی وجہ سے پکڑ میں آئے گا اور یہ اِس کے گناہ کی شدت ہو گی کہ اِس کی وجہ سے جتنے لوگوں نے جتنے گناہ کئے اُن سب کے وہ گناہ اِس پہلے آدمی پر ڈال دیئے جائیں۔ =

سَرِيْعُ الْعِقَابِ ۖ وَ اِنَّهٗ لَغَفُوْرٌ رَّحِيْمٌ ﴿۱۶۵﴾ ع

سَرِيْعُ الْعِقَابِ (1)	وَ	اِنَّهٗ	لَغَفُوْرٌ	رَّحِيْمٌ ﴿۱۶۵﴾
بہت جلد عذاب دینے والا (ہے)	اور	بیشک وہ	ضرور بخشنے والا	مہربان (ہے)

بہت جلد عذاب دینے والا ہے اور بیشک وہ ضرور بخشنے والا مہربان ہے ○

آیات: 206 — رکوع: 24

سُوْرَةُ الْاَعْرَاف مَكِّيَّةٌ

بِسْمِ اللّٰهِ الرَّحْمٰنِ الرَّحِيْمِ

بِسْمِ	اللّٰهِ	الرَّحْمٰنِ	الرَّحِيْمِ
نام سے (شروع)	اللہ	نہایت مہربان	رحمت والا

اللہ کے نام سے شروع جو نہایت مہربان، رحمت والا ہے۔

الٓمّٓصٓ ﴿۱﴾ ج كِتٰبٌ اُنْزِلَ اِلَيْكَ فَلَا يَكُنْ

الٓمّٓصٓ ﴿۱﴾	كِتٰبٌ	اُنْزِلَ	اِلَيْكَ	فَلَا يَكُنْ
الٓمّٓصٓ	(یہ) ایک کتاب (ہے)	نازل کی گئی (ہے)	تمہاری طرف	پس نہ ہو

الٓمّٓصٓ ○ اے حبیب! (یہ) ایک کتاب ہے جو آپ کی طرف نازل کی گئی ہے

فِيْ صَدْرِكَ حَرَجٌ مِّنْهُ لِتُنْذِرَ بِهٖ وَ ذِكْرٰى

فِيْ صَدْرِكَ	حَرَجٌ (2)	مِّنْهُ	لِتُنْذِرَ	بِهٖ	وَ	ذِكْرٰى
تمہارے سینے میں	کوئی تنگی	اس کی طرف سے	تاکہ تم ڈراؤ	اس کے ذریعے	اور	نصیحت (ہے)

تاکہ آپ اس کے ذریعے ڈر سنائیں اور مومنوں کے لئے نصیحت ہے پس آپ کے دل میں اس کی طرف سے

عنوان: تبلیغِ قرآن میں دل تنگ نہ ہوں

== حقیقت میں یہ اس آدمی کے اپنے ہی اعمال کا انجام ہے نہ یہ کہ بلاوجہ دوسروں کے گناہ اس پر ڈال دیئے گئے۔

(1) ..... اس کا معنی یہ ہے کہ جب عذاب کا وقت آ جائے تو اس وقت اللہ تعالیٰ عذاب نازل کرنے میں دیر نہیں فرماتا۔

(2) ..... اس آیت میں حضور اقدس صَلَّی اللّٰہُ تَعَالٰی عَلَیْہِ وَاٰلِہٖ وَسَلَّم کی تسکین و تسلی و حوصلہ افزائی ہے اور اس کے ذریعے امت کے تمام مبلغین کو درس اور سبق ہے کہ لوگوں کے نہ ماننے یا تکلیفیں دینے کی وجہ سے تبلیغِ دین میں دل تنگ نہیں ہونا چاہئے۔ نیکی کی دعوت کا کام ہی ایسا ہے کہ اس میں تکالیف ضرور آتی ہیں۔

لِلْمُؤْمِنِيْنَ ۝۲ اِتَّبِعُوْا مَاۤ اُنْزِلَ اِلَيْكُمْ

لِلْمُؤْمِنِيْنَ ۝۲	اِتَّبِعُوْا	مَاۤ	اُنْزِلَ	اِلَيْكُمْ
ایمان والوں کے لئے	پیروی کرو	(اس کی) جو	نازل کیا گیا	تمہاری طرف

کوئی تنگی نہ ہو ○ اے لوگو! تمہارے رب کی جانب سے تمہاری طرف

مِّنْ رَّبِّكُمْ وَلَا تَتَّبِعُوْا مِنْ دُوْنِهٖۤ اَوْلِيَآءَ ؕ

مِّنْ رَّبِّكُمْ	وَ	لَا تَتَّبِعُوْا	مِنْ دُوْنِهٖۤ	اَوْلِيَآءَ
تمہارے رب کی جانب سے	اور	پیچھے نہ جاؤ	اس (رب) کے سوا	دوستوں (یا) حاکموں (کے)

جو نازل کیا گیا ہے اس کی پیروی کرو اور اسے چھوڑ کر اور حاکموں کے پیچھے نہ جاؤ۔

قَلِيْلًا مَّا تَذَكَّرُوْنَ ۝۳ وَكَمْ مِّنْ قَرْيَةٍ اَهْلَكْنٰهَا

قَلِيْلًا مَّا	تَذَكَّرُوْنَ ۝۳	وَ	كَمْ مِّنْ قَرْيَةٍ	اَهْلَكْنٰهَا
بہت ہی کم	تم نصیحت مانتے ہو	اور	کتنی ہی بستیاں (ایسی ہیں)	ہم نے ہلاک کر دیا انہیں

تم بہت ہی کم سمجھتے ہو ○ اور کتنی ہی ایسی بستیاں ہیں جنہیں ہم نے ہلاک کر دیا

فَجَآءَهَا بَاْسُنَا بَيَاتًا اَوْ هُمْ قَآىِٕلُوْنَ ۝۴

فَجَآءَهَا	بَاْسُنَا	بَيَاتًا	اَوْ	هُمْ	قَآىِٕلُوْنَ ۝۴ (1)
تو آیا ان پر	ہمارا عذاب	رات (میں)	یا	وہ	دوپہر میں سوئے ہوئے (تھے)

تو ان پر ہمارا عذاب رات کے وقت آیا، یا (جب) وہ دوپہر کو سو رہے تھے ○

فَمَا كَانَ دَعْوٰىهُمْ اِذْ جَآءَهُمْ بَاْسُنَاۤ اِلَّاۤ اَنْ قَالُوْۤا اِنَّا

فَمَا كَانَ	دَعْوٰىهُمْ	اِذْ	جَآءَهُمْ	بَاْسُنَاۤ	اِلَّاۤ	اَنْ	قَالُوْۤا	اِنَّا
تو نہیں تھا	ان کا پکارنا	جب	آیا ان کے پاس	ہمارا عذاب	مگر	یہ کہ	انہوں نے کہا	بیشک

توجب ان پر ہمارا عذاب آیا تو ان کی پکار اس کے سوا اور کچھ نہ تھی کہ بیشک

عنوان اتباع قرآن کا حکم اور گمراہوں کی پیروی کی ممانعت — نافرمان قوموں کی ہلاکت کا بیان

(1)..... اس کے معنی یہ ہیں کہ ان پر اللہ تعالیٰ کا عذاب ایسے وقت آیا جب انہیں خیال بھی نہ تھا کیونکہ وہ یا تو رات کا وقت تھا اور وہ آرام کی نیند سوئے تھے یا دن میں قیلولہ کا وقت تھا اور وہ مصروفِ راحت تھے۔ نہ عذاب کے نزول کی کوئی نشانی تھی اور نہ کوئی قرینہ کہ پہلے سے آگاہ ہوتے بلکہ اچانک آگیا اور وہ بھاگنے کی کوشش بھی نہ کرسکے۔ اس سے کفار کو متنبہ کیا جارہا ہے کہ وہ اسبابِ امن وراحت پر مغرور نہ ہوں عذابِ الٰہی جب آتا ہے تو دفعۃً آجاتا ہے۔

كُنَّا ظٰلِمِيْنَ ۝٥ فَلَنَسْـَٔلَنَّ الَّذِيْنَ اُرْسِلَ

كُنَّا	ظٰلِمِيْنَ ۝٥	فَلَنَسْـَٔلَنَّ (1)	الَّذِيْنَ	اُرْسِلَ
ہم تھے	ظلم کرنے والے	پس ہم ضرور پوچھیں گے	ان لوگوں سے جو	(رسول) بھیجے گئے

ہم (ہی) ظالم تھے ○ تو بیشک ہم ضرور ان لوگوں سے سوال کریں گے جن کی طرف

اِلَيْهِمْ وَلَنَسْـَٔلَنَّ الْمُرْسَلِيْنَ ۝٦ فَلَنَقُصَّنَّ عَلَيْهِمْ

اِلَيْهِمْ	وَ	لَنَسْـَٔلَنَّ	الْمُرْسَلِيْنَ ۝٦	فَلَنَقُصَّنَّ	عَلَيْهِمْ
ان کی طرف	اور	ضرور ہم پوچھیں گے	رسولوں (سے)	پس ہم ضرور بیان کر دیں گے	ان پر

(رسول) بھیجے گئے اور بیشک ہم ضرور رسولوں سے سوال کریں گے ○ تو ضرور ہم ان کو اپنے علم سے

بِعِلْمٍ وَّمَا كُنَّا غَآئِبِيْنَ ۝٧ وَالْوَزْنُ يَوْمَئِذِ الْحَقُّ فَمَنْ

بِعِلْمٍ	وَّ	مَا كُنَّا	غَآئِبِيْنَ ۝٧	وَالْوَزْنُ (2)	يَوْمَئِذِ الْحَقُّ	فَمَنْ
علم کے ساتھ	اور	ہم نہ تھے	غائب	اور وزن	اس دن برحق (ہے)	تو جو شخص

بتا دیں گے اور ہم غائب نہ تھے ○ اور اس دن وزن کرنا ضرور برحق ہے تو جن کے

ثَقُلَتْ مَوَازِيْنُهٗ فَاُولٰٓئِكَ هُمُ الْمُفْلِحُوْنَ ۝٨ وَمَنْ

ثَقُلَتْ	مَوَازِيْنُهٗ	فَاُولٰٓئِكَ	هُمُ	الْمُفْلِحُوْنَ ۝٨	وَ	مَنْ
بھاری ہوں گے	اس کے پلڑے	تو یہ لوگ	وہی	فلاح پانے والے (ہوں گے)	اور	جو شخص

پلڑے بھاری ہوں گے تو وہی لوگ فلاح پانے والے ہوں گے ○ اور جن کے

خَفَّتْ مَوَازِيْنُهٗ فَاُولٰٓئِكَ الَّذِيْنَ خَسِرُوْٓا

خَفَّتْ	مَوَازِيْنُهٗ	فَاُولٰٓئِكَ	الَّذِيْنَ	خَسِرُوْٓا
ہلکے ہوں گے	اس کے پلڑے	تو یہ لوگ	وہ ہیں جنہوں نے	خسارے میں ڈال دیں

پلڑے ہلکے ہوں گے تو وہی لوگ ہیں جنہوں نے اپنی جانوں کو خسارے میں

عنوان: قیامت کے دن رسولوں اور قوموں سے سوال | قیامت میں نیکیوں اور گناہوں کا وزن ہونا

(1)...... یعنی ان امتوں سے پوچھا جائے گا جن کی طرف رسول بھیجے گئے کہ تمہیں تمہارے رسولوں نے تبلیغ کی یا نہیں؟ اور تم نے رسولوں کی دعوت کا کیا جواب دیا اور ان کے حکم کی کیا تعمیل کی؟ اور رسولوں سے دریافت کیا جائے گا کہ کیا آپ نے اپنی اُمتوں کو ہمارے پیغام پہنچائے اور تمہاری قوم نے تمہیں کیا جواب دیا تھا؟ (2)...... صحیح اور متواتر احادیث سے یہ ثابت ہے کہ قیامت کے دن ایک میزان لا کر رکھی جائے گی جس میں دو پلڑے اور ایک ڈنڈی ہو گی۔ اس پر ایمان لانا اور اسے حق سمجھنا ضروری ہے، رہی یہ بات کہ اس میزان کے دونوں پلڑوں کی نوعیت اور کیفیت کیا ہو گی اور اس سے وزن معلوم کرنے کا طریقہ=

اَنْفُسَهُمْ بِمَا كَانُوْا بِاٰيٰتِنَا يَظْلِمُوْنَ ۝۹ وَ لَقَدْ				
اَنْفُسَهُمْ	بِمَا	كَانُوْا بِاٰيٰتِنَا يَظْلِمُوْنَ ۝۹	وَ	لَقَدْ
اپنی جانیں	(اس کے) سبب کہ	وہ ظلم کرتے تھے ہماری آیتوں پر	اور	ضرور بیشک
ڈالا اس وجہ سے کہ وہ ہماری آیتوں پر ظلم کیا کرتے تھے ○ اور بیشک				

مَكَّنّٰكُمْ فِي الْاَرْضِ وَ جَعَلْنَا لَكُمْ فِيْهَا					
مَكَّنّٰكُمْ	فِي الْاَرْضِ	وَ	جَعَلْنَا	لَكُمْ	فِيْهَا
ہم نے ٹھکانہ دیا تمہیں	زمین میں	اور	ہم نے بنائے	تمہارے لیے	اس میں
ہم نے تمہیں زمین میں ٹھکانہ دیا اور تمہارے لیے اس میں زندگی گزارنے کے اسباب					

ع ۸

مَعَايِشَ ؕ قَلِيْلًا مَّا تَشْكُرُوْنَ ۝۱۰ ع وَ لَقَدْ				
مَعَايِشَ	قَلِيْلًا مَّا	تَشْكُرُوْنَ ۝۱۰	وَ	لَقَدْ
زندگی گزارنے کے اسباب	بہت ہی کم	تم شکر ادا کرتے ہو	اور	ضرور بیشک
بنائے، تم بہت ہی کم شکر ادا کرتے ہو ○ اور بیشک				

خَلَقْنٰكُمْ ثُمَّ صَوَّرْنٰكُمْ ثُمَّ قُلْنَا لِلْمَلٰٓئِكَةِ					
خَلَقْنٰكُمْ	ثُمَّ	صَوَّرْنٰكُمْ	ثُمَّ	قُلْنَا	لِلْمَلٰٓئِكَةِ
ہم نے پیدا کیا تمہیں	پھر	ہم نے صورتیں بنائیں تمہاری	پھر	ہم نے فرمایا	فرشتوں سے
ہم نے تمہیں پیدا کیا پھر تمہاری صورتیں بنائیں پھر ہم نے فرشتوں سے فرمایا					

اسْجُدُوْا لِاٰدَمَ ۖ فَسَجَدُوْا اِلَّا اِبْلِيْسَ ؕ لَمْ يَكُنْ					
اسْجُدُوْا (1)	لِاٰدَمَ	فَسَجَدُوْا	اِلَّا	اِبْلِيْسَ	لَمْ يَكُنْ
تم سجدہ کرو	آدم کو	تو انہوں نے سجدہ کیا	سوائے	ابلیس (کے)	وہ نہیں ہوا
کہ آدم کو سجدہ کرو تو ابلیس کے سوا سب نے سجدہ کیا، وہ سجدہ کرنے والوں میں سے					

عنوان بندوں پر اللہ تعالیٰ کی نعمتیں اور ان کا قلیل شکر — تخلیق آدم اور فرشتوں کا انہیں سجدہ کرنا

= کیا ہو گا؟ یہ سب ہماری عقل اور فہم کے دائرے سے باہر ہے اور نہ ہم اسے جاننے کے مکلف ہیں، ہم پر غیب کی چیزوں پر ایمان لانا فرض ہے، ان کی نوعیت اور کیفیت اللہ تعالیٰ اور اس کا رسول صَلَّی اللّٰہُ تَعَالٰی عَلَیْہِ وَاٰلِہٖ وَسَلَّم بہتر جانتے ہیں۔

(1)...... تخلیقِ آدم و سجدہِ آدم کا واقعہ اس سے پہلے سورہ بقرہ میں گزر چکا ہے، یہاں اسے دوبارہ بیان کرنے کا مقصد ایک مرتبہ پھر اللہ عَزَّوَجَلَّ کی عظیم نعمت کو یاد دلانا، شرفِ انسانیت کو بیان کرنا اور اللہ عَزَّوَجَلَّ کے دوست اور دشمن کی روِش کو دکھانا ہے کہ دیکھو دوست بھول کر بھی خطا کرتا ہے تو کس طرح گریہ وزاری =

مِّنَ السّٰجِدِیْنَ ﴿۱۱﴾ قَالَ مَا مَنَعَكَ اَلَّا تَسْجُدَ اِذْ

مِّنَ السّٰجِدِیْنَ ﴿۱۱﴾	قَالَ	مَا	مَنَعَكَ	اَلَّا تَسْجُدَ	اِذْ
سجدہ کرنے والوں میں سے	فرمایا	کس چیز نے	روکا تجھے	کہ تو نے سجدہ نہ کیا	جب

نہ ہوا ○ اللہ نے فرمایا: جب میں نے تجھے حکم دیا تھا تو تجھے سجدہ کرنے سے

اَمَرْتُكَ ؕ قَالَ اَنَا خَیْرٌ مِّنْهُ ۚ خَلَقْتَنِیْ مِنْ نَّارٍ وَّ

اَمَرْتُكَ	قَالَ	اَنَا	خَیْرٌ	مِّنْهُ	خَلَقْتَنِیْ	مِنْ نَّارٍ (1)	وَّ
میں نے حکم دیا تمہیں	(ابلیس نے) کہا	میں	بہتر (ہوں)	اس سے	تو نے بنایا مجھے	آگ سے	اور

کس چیز نے روکا؟ ابلیس نے کہا: میں اس سے بہتر ہوں۔ تو نے مجھے آگ سے بنایا اور

خَلَقْتَهٗ مِنْ طِیْنٍ ﴿۱۲﴾ قَالَ فَاهْبِطْ مِنْهَا فَمَا یَكُوْنُ

خَلَقْتَهٗ	مِنْ طِیْنٍ ﴿۱۲﴾	قَالَ	فَاهْبِطْ	مِنْهَا	فَمَا یَكُوْنُ
بنایا اسے	مٹی سے	(اللہ نے) فرمایا	پس تو اتر جا	اس (جنت) سے	تو (جائز) نہیں ہے

اسے مٹی سے بنایا ○ اللہ نے فرمایا: تو یہاں سے اُتر جا، پس تیرے لئے

لَكَ اَنْ تَتَكَبَّرَ فِیْهَا فَاخْرُجْ اِنَّكَ

لَكَ	اَنْ	تَتَكَبَّرَ (2)	فِیْهَا	فَاخْرُجْ	اِنَّكَ
تیرے لئے	کہ	تو تکبر کرے	اس (جنت) میں	پس نکل جا	بیشک تو

جائز نہیں کہ تو اس مقام میں تکبر کرے، نکل جا، بیشک تو

مِنَ الصّٰغِرِیْنَ ﴿۱۳﴾ قَالَ اَنْظِرْنِیْۤ اِلٰى یَوْمِ

مِنَ الصّٰغِرِیْنَ ﴿۱۳﴾	قَالَ	اَنْظِرْنِیْۤ	اِلٰى یَوْمِ
ذلت والوں میں سے (ہے)	(ابلیس نے) کہا	تو مہلت دیدے مجھے	(اس) دن تک

ذلت والوں میں سے ہے ○ شیطان نے کہا: تو مجھے اس دن تک مہلت دیدے

عنوان: سجدہ نہ کرنے پر ابلیس کا متکبرانہ جواب | ابلیس کو جنت سے اترنے کا حکم اور ذلیلوں میں شمار | ابلیس کا قیامت تک کی مہلت مانگنا

= کرتا ہے اور محبوبِ حقیقی کو منانے کی کوشش کرتا ہے اور دشمنِ خدا قصداً تکبر سے حکمِ الٰہی کی خلاف ورزی کرتا ہے اور توبہ و معافی طلب کرنے کی بجائے غرور و تکبر اور حیلہ و تاویل کی راہ اپناتا ہے اور اپنا قصور ماننے کو تیار ہی نہیں ہوتا بلکہ الٹا تقدیر کا بہانا بنا کر خود کو قصور وار قرار دینے کی بجائے کہتا ہے کہ یا اللہ! یہ میرا قصور نہیں ہے کیونکہ تو نے ہی مجھے گمراہ کیا ہے۔

1 ...... اس سے ابلیس کی مراد یہ تھی کہ آگ مٹی سے افضل اور اعلیٰ ہے تو جس کی اصل آگ ہو گی وہ اس سے افضل ہو گا جس کی اصل مٹی ہو اور شیطان کا یہ =

يُبْعَثُوْنَ ⑭ قَالَ اِنَّكَ مِنَ الْمُنْظَرِيْنَ ⑮ قَالَ

يُبْعَثُوْنَ ⑭	قَالَ	اِنَّكَ	مِنَ الْمُنْظَرِيْنَ ⑮	قَالَ
(جس میں)لوگ اٹھائے جائیں گے	(اللہ نے)فرمایا	بیشک تو	مہلت دیئے ہوؤں میں سے (ہے)	کہا

جس میں لوگ اٹھائے جائیں گے ○ اللہ نے فرمایا: تجھے مہلت ہے ○ شیطان نے کہا:

فَبِمَآ اَغْوَيْتَنِيْ لَاَقْعُدَنَّ لَهُمْ صِرَاطَكَ الْمُسْتَقِيْمَ ⑯

فَبِمَآ	اَغْوَيْتَنِيْ(1)	لَاَقْعُدَنَّ	لَهُمْ	صِرَاطَكَ الْمُسْتَقِيْمَ ⑯
تو(اس کی) قسم کہ	تونے گمراہ کیا مجھے	میں ضرور تاک میں بیٹھوں گا	ان کی	تیرے سیدھے راستے پر

مجھے اِس کی قسم کہ تونے مجھے گمراہ کیا، میں ضرور تیرے سیدھے راستہ پر لوگوں کی تاک میں بیٹھوں گا○

ثُمَّ لَاٰتِيَنَّهُمْ مِّنْۢ بَيْنِ اَيْدِيْهِمْ وَ مِنْ خَلْفِهِمْ وَ

ثُمَّ	لَاٰتِيَنَّهُمْ	مِّنْۢ بَيْنِ اَيْدِيْهِمْ(2)	وَ	مِنْ خَلْفِهِمْ	وَ
پھر	میں ضرور آؤں گا ان کے پاس	ان کے آگے سے	اور	ان کے پیچھے سے	اور

پھر ضرور میں ان کے آگے اور ان کے پیچھے اور

عَنْ اَيْمَانِهِمْ وَ عَنْ شَمَآئِلِهِمْ ؕ وَ لَا تَجِدُ اَكْثَرَهُمْ

عَنْ اَيْمَانِهِمْ	وَ	عَنْ شَمَآئِلِهِمْ	وَ	لَا تَجِدُ	اَكْثَرَهُمْ
ان کے دائیں سے	اور	ان کے بائیں سے	اور	تو نہ پائے گا	ان میں سے اکثر (کو)

ان کے دائیں اور ان کے بائیں سے ان کے پاس آؤں گا اور تو ان میں سے اکثر کو

شٰكِرِيْنَ ⑰ قَالَ اخْرُجْ مِنْهَا مَذْءُوْمًا مَّدْحُوْرًا ؕ لَمَنْ

شٰكِرِيْنَ ⑰	قَالَ	اخْرُجْ	مِنْهَا	مَذْءُوْمًا	مَّدْحُوْرًا	لَمَنْ
شکر کرنے والے	(اللہ نے)فرمایا	تو نکل جا	اس سے	ذلیل	مردود(ہوکر)	ضرور جو

شکر گزار نہ پائے گا○ اللہ نے فرمایا: تو یہاں سے ذلیل و مردود ہو کر نکل جا۔ بیشک

عنوان: لوگوں کو بہکانے کے لئے ابلیس کا عزم | ابلیس اور اس کے پیروکاروں کا انجام

=خیال غلط تھا کیونکہ افضل وہ ہے جسے مالک و مولیٰ فضیلت دے، اللہ عَزَّوَجَلَّ کے حضور فضیلت کا معیار مالک کی اطاعت و فرمانبرداری ہے۔ 2...... اس سے معلوم ہوا کہ تکبر ایسا مذموم وصف ہے کہ ہزاروں برس کا عبادت گزار ابلیس بھی اس کی وجہ سے بارگاہِ الٰہی میں مردود ٹھہرا اور قیامت تک کے لئے ذلت و رسوائی کا شکار ہو گیا۔

1...... شیطان نے یہاں گمراہ کرنے کی نسبت اللہ عَزَّوَجَلَّ کی طرف کی، اِس میں یا تو شیطان نے خود کو مجبور محض مان کر یوں کہا یا پھر اللہ تعالیٰ کی بے ادبی کے=

تَبِعَكَ مِنْهُمْ لَاَمْلَئَنَّ جَهَنَّمَ مِنْكُمْ اَجْمَعِيْنَ ﴿۱۸﴾ وَ

تَبِعَكَ	مِنْهُمْ	لَاَمْلَئَنَّ	جَهَنَّمَ	مِنْكُمْ اَجْمَعِيْنَ ﴿۱۸﴾ (1)	وَ
پیروی کرے گا تیری	ان میں سے	میں ضرور بھر دوں گا	جہنم	تم سب سے	اور

ان میں سے جو تیری پیروی کرے گا تو میں ضرور تم سب سے جہنم بھر دوں گا ○ اور

يٰۤاٰدَمُ اسْكُنْ اَنْتَ وَ زَوْجُكَ الْجَنَّةَ فَكُلَا مِنْ حَيْثُ

يٰۤاٰدَمُ	اسْكُنْ	اَنْتَ	وَ	زَوْجُكَ	الْجَنَّةَ	فَكُلَا	مِنْ حَيْثُ
اے آدم	رہو	تم	اور	تمہاری بیوی	جنت (میں)	تو دونوں کھاؤ	جہاں سے

اے آدم! تم اور تمہاری بیوی جنت میں رہو پھر اُس میں سے جہاں چاہو

شِئْتُمَا وَ لَا تَقْرَبَا هٰذِهِ الشَّجَرَةَ فَتَكُوْنَا

شِئْتُمَا	وَ	لَا تَقْرَبَا	هٰذِهِ الشَّجَرَةَ	فَتَكُوْنَا
تم چاہو	اور	تم دونوں قریب نہ جانا	اس درخت (کے)	(اگر گئے) تو ہو جاؤ گے

کھاؤ اور اُس درخت کے پاس نہ جانا ورنہ حد سے بڑھنے والوں میں سے

مِنَ الظّٰلِمِيْنَ ﴿۱۹﴾ فَوَسْوَسَ لَهُمَا الشَّيْطٰنُ لِيُبْدِيَ

مِنَ الظّٰلِمِيْنَ ﴿۱۹﴾	فَوَسْوَسَ	لَهُمَا	الشَّيْطٰنُ	لِيُبْدِيَ
حد سے بڑھنے والوں میں سے	پھر وسوسہ ڈالا	ان دونوں کو	شیطان (نے)	تاکہ ظاہر کر دے

ہو جاؤ گے ○ پھر شیطان نے انہیں وسوسہ ڈالا تاکہ ان پر

لَهُمَا مَا وٗرِيَ عَنْهُمَا مِنْ سَوْاٰتِهِمَا وَ قَالَ

لَهُمَا	مَا	وٗرِيَ	عَنْهُمَا	مِنْ	سَوْاٰتِهِمَا	وَ	قَالَ
ان کے لئے	وہ جو	چھپائی گئیں	ان دونوں سے	سے (یعنی)	ان کی شرمگاہیں	اور	کہنے لگا

ان کی چھپی ہوئی شرم کی چیزیں کھول دے اور کہنے لگا

عنوان: حضرت آدم و حوا کی جنت میں رہائش اور شجرِ ممنوعہ | حضرت آدم و حوا کے خلاف شیطان کی وسوسہ اندازی

=طور پر اس طرح کہا۔ 2...... سامنے سے مراد یہ ہے کہ میں ان کی دنیا کے متعلق وسوسے ڈالوں گا اور پیچھے سے مراد یہ ہے کہ ان کی آخرت کے متعلق وسوسے ڈالوں گا اور دائیں سے مراد یہ ہے کہ ان کے دین میں شبہات ڈالوں گا اور بائیں سے مراد یہ ہے کہ ان کو گناہوں کی طرف راغب کروں گا۔

1...... اس سے معلوم ہوا کہ دوزخ میں شیطان، جنات اور انسان سب ہی جائیں گے اور اللہ تعالیٰ ان سے جہنم کو بھر دے گا۔

مَا نَهٰىكُمَا رَبُّكُمَا عَنْ هٰذِهِ الشَّجَرَةِ اِلَّاۤ اَنْ تَكُوْنَا

مَا نَهٰىكُمَا	رَبُّكُمَا	عَنْ هٰذِهِ الشَّجَرَةِ	اِلَّاۤ	اَنْ	تَكُوْنَا
نہیں منع کیا تمہیں	تمہارے رب (نے)	اس درخت سے	مگر	(اس لیے) کہ	تم (نہ) ہو جاؤ

تمہیں تمہارے رب نے اس درخت سے اسی لیے منع فرمایا ہے کہ کہیں

مَلَكَیْنِ اَوْ تَكُوْنَا مِنَ الْخٰلِدِیْنَ ﴿۲۰﴾ وَ قَاسَمَهُمَاۤ اِنِّیْ

مَلَكَیْنِ	اَوْ	تَكُوْنَا	مِنَ الْخٰلِدِیْنَ ﴿۲۰﴾	وَ	قَاسَمَهُمَاۤ	اِنِّیْ
فرشتے	یا	(نہ) ہو جاؤ	ہمیشہ رہنے والوں سے	اور	اس نے قسم کھائی ان دونوں سے	کہ میں

تم فرشتے نہ بن جاؤ یا تم ہمیشہ زندہ رہنے والے نہ بن جاؤ ○ اور ان دونوں سے قسم کھا کر کہا کہ بیشک میں

لَكُمَا لَمِنَ النّٰصِحِیْنَ ﴿۲۱﴾ فَدَلّٰىهُمَا بِغُرُوْرٍ ۚ فَلَمَّا

لَكُمَا	لَمِنَ النّٰصِحِیْنَ ﴿۲۱﴾	فَدَلّٰىهُمَا	بِغُرُوْرٍ	فَلَمَّا
تمہارے لئے	ضرور خیر خواہوں میں سے (ہوں)	تو وہ اتار لایا ان دونوں کو	دھوکے سے	پھر جب

تم دونوں کا خیر خواہ ہوں ○ تو وہ دھوکا دے کر ان دونوں کو اُتار لایا پھر جب

ذَاقَا الشَّجَرَةَ بَدَتْ لَهُمَا سَوْاٰتُهُمَا وَ

ذَاقَا	الشَّجَرَةَ	بَدَتْ	لَهُمَا	سَوْاٰتُهُمَا	وَ
دونوں نے چکھ لیا	درخت (کا پھل)	(تو) ظاہر ہو گئیں	ان دونوں کے لئے	ان کی شرمگاہیں	اور

انہوں نے اس درخت کا پھل کھایا تو ان کی شرم کے مقام ان پر کھل گئے اور

طَفِقَا یَخْصِفٰنِ عَلَیْهِمَا مِنْ وَّرَقِ الْجَنَّةِ ؕ وَ نَادٰىهُمَا رَبُّهُمَاۤ

طَفِقَا یَخْصِفٰنِ (1)	عَلَیْهِمَا	مِنْ وَّرَقِ الْجَنَّةِ	وَ	نَادٰىهُمَا	رَبُّهُمَاۤ
وہ چمٹانے لگ گئے	ان پر	جنت کے پتوں سے	اور	فرمایا انہیں	ان کے رب (نے)

وہ جنت کے پتے ان پر ڈالنے لگے اور انہیں ان کے رب نے فرمایا:

عنوان ممنوعہ درخت سے کھانے کا نتیجہ اور ندائے ربانی

(1)...... حضرت آدم عَلَیْهِ الصَّلٰوۃُ وَالسَّلَام اور حضرت حوا رَضِیَ اللہُ تَعَالٰی عَنْہَا کے لباس جدا ہوتے ہی دونوں کا پتوں کے ساتھ اپنے بدن کو چھپانا شروع کر دینا اس بات کی دلیل ہے کہ پوشیدہ اعضاء کا چھپانا انسانی فطرت میں داخل ہے۔ لہٰذا جو شخص ننگے ہونے کو فطرت سمجھتا ہے جیسے مغربی ممالک میں ایک بڑے طبقے کا رجحان ہے تو وہ ان لوگوں میں سے ہے جن کی فطرتیں مسخ ہو چکی ہیں۔

اَلَمْ اَنْهَكُمَا عَنْ تِلْكُمَا الشَّجَرَةِ وَ اَقُلْ لَّكُمَآ اِنَّ الشَّيْطٰنَ

اَلَمْ اَنْهَكُمَا	عَنْ تِلْكُمَا الشَّجَرَةِ	وَ	اَقُلْ	لَّكُمَآ	اِنَّ	الشَّيْطٰنَ
کیامیں نے منع نہیں کیا تھا تمہیں	اس درخت سے	اور	(نہیں) کہا	تم سے	کہ	شیطان

کیا میں نے تمہیں اس درخت سے منع نہیں کیا تھا؟ اور میں نے تم سے یہ نہ فرمایا تھا کہ شیطان

لَكُمَا عَدُوٌّ مُّبِيْنٌ ﴿٢٢﴾ قَالَا رَبَّنَا ظَلَمْنَآ اَنْفُسَنَا سکتة

لَكُمَا	عَدُوٌّ مُّبِيْنٌ ﴿٢٢﴾	قَالَا	رَبَّنَا	ظَلَمْنَآ[1]	اَنْفُسَنَا
تمہارا	کھلا دشمن (ہے)	دونوں نے عرض کی	اے ہمارے رب	ہم نے زیادتی کی	اپنی جانوں (پر)

تمہارا کھلا دشمن ہے ؟ ○ دونوں نے عرض کی: اے ہمارے رب! ہم نے اپنی جانوں پر زیادتی کی

وَاِنْ لَّمْ تَغْفِرْ لَنَا وَتَرْحَمْنَا لَنَكُوْنَنَّ

وَ	اِنْ	لَّمْ تَغْفِرْ	لَنَا	وَ	تَرْحَمْنَا	لَنَكُوْنَنَّ
اور	اگر	تونے مغفرت نہ فرمائی	ہماری	اور	ہم پر رحم (نہ) کیا	(تو) ہم ضرور ہوجائیں گے

اور اگر تونے ہماری مغفرت نہ فرمائی اور ہم پر رحم نہ فرمایا تو ضرور ہم نقصان والوں

مِنَ الْخٰسِرِيْنَ ﴿٢٣﴾ قَالَ اهْبِطُوْا بَعْضُكُمْ لِبَعْضٍ عَدُوٌّ ج

مِنَ الْخٰسِرِيْنَ ﴿٢٣﴾	قَالَ	اهْبِطُوْا	بَعْضُكُمْ	لِبَعْضٍ	عَدُوٌّ
نقصان اٹھانے والوں میں سے	فرمایا	تم اتر جاؤ	تمہارے بعض	بعض کے	دشمن (ہیں)

میں سے ہوجائیں گے ○ اللہ نے فرمایا: تم اتر جاؤ، تم میں ایک دوسرے کا دشمن ہے

وَلَكُمْ فِي الْاَرْضِ مُسْتَقَرٌّ وَّمَتَاعٌ اِلٰى حِيْنٍ ﴿٢٤﴾

وَ	لَكُمْ	فِي الْاَرْضِ	مُسْتَقَرٌّ	وَّ	مَتَاعٌ	اِلٰى حِيْنٍ ﴿٢٤﴾
اور	تمہارے لئے	زمین میں	ٹھہرنا (یا) ٹھہرنے کی جگہ	اور	نفع اٹھانا (ہے)	ایک مدت تک

اور تمہارے لئے زمین میں ایک وقت تک ٹھہرنا اور نفع اٹھانا ہے ○

عنوان: حضرت آدم و حوا کی دعائے مغفرت | جنت سے اترنے کا حکم اور اولاد آدم کا حال

(1)......اس آیت میں اپنی جانوں پر زیادتی کرنے سے مراد گناہ کرنا نہیں بلکہ اپنا نقصان کرنا ہے اور وہ اس طرح کہ جنت کی بجائے زمین پر آنا پڑا اور وہاں کی آرام کی زندگی کی جگہ یہاں مشقت کی زندگی اختیار کرنا پڑی۔ حضرت آدم عَلَیْہِ الصَّلٰوۃُ وَالسَّلَام نے اپنی لغزش کے بعد جس طرح دعا فرمائی اس میں مسلمانوں کے لئے یہ تربیت ہے کہ ان سے جب کوئی غلطی سرزد ہوجائے تو وہ اللہ تعالیٰ کی بارگاہ میں ندامت کا اظہار کرتے ہوئے اس کا اعتراف کریں اور اللہ تعالیٰ سے مغفرت ورحمت کا انتہائی لجاجت کے ساتھ سوال کریں تاکہ اللہ تعالیٰ ان کا گناہ بخش دے اور ان پر اپنا رحم فرمائے۔

قَالَ فِيْهَا تَحْيَوْنَ وَ فِيْهَا تَمُوْتُوْنَ وَ مِنْهَا

قَالَ	فِيْهَا	تَحْيَوْنَ	وَ	فِيْهَا	تَمُوْتُوْنَ	وَ	مِنْهَا
فرمایا	اس میں	تم جیو گے (زندگی گزارو گے)	اور	اس میں	تم مرو گے	اور	اس سے

(اللہ نے) فرمایا: تم اسی میں زندگی بسر کرو گے اور اسی میں مرو گے اور اسی سے

تُخْرَجُوْنَ ﴿٢٥﴾ ع يٰبَنِيْۤ اٰدَمَ قَدْ اَنْزَلْنَا عَلَيْكُمْ لِبَاسًا يُّوَارِيْ ع ٢٦ ١٥ ٩

تُخْرَجُوْنَ ﴿٢٥﴾	يٰبَنِيْۤ اٰدَمَ	قَدْ	اَنْزَلْنَا	عَلَيْكُمْ	لِبَاسًا (1)	يُّوَارِيْ
تم نکالے جاؤ گے	اے آدم کی اولاد	بیشک	ہم نے اتارا	تم پر	ایک لباس	وہ چھپاتا ہے

اٹھائے جاؤ گے ○ اے آدم کی اولاد! بیشک ہم نے تمہاری طرف ایک لباس وہ اُتارا جو

سَوْاٰتِكُمْ وَ رِيْشًا ؕ وَ لِبَاسُ التَّقْوٰى ۙ ذٰلِكَ

سَوْاٰتِكُمْ	وَ	رِيْشًا	وَ	لِبَاسُ التَّقْوٰى (2)	ذٰلِكَ
تمہاری شرمگاہیں	اور	زیب و زینت (کا لباس اتارا)	اور	پرہیز گاری کا لباس	یہ

تمہاری شرم کی چیزیں چھپاتا ہے اور (ایک لباس وہ جو) زیب و زینت ہے اور پرہیز گاری کا لباس سب سے

خَيْرٌ ؕ ذٰلِكَ مِنْ اٰيٰتِ اللّٰهِ لَعَلَّهُمْ يَذَّكَّرُوْنَ ﴿٢٦﴾ يٰبَنِيْۤ اٰدَمَ

خَيْرٌ	ذٰلِكَ	مِنْ اٰيٰتِ اللّٰهِ	لَعَلَّهُمْ	يَذَّكَّرُوْنَ ﴿٢٦﴾	يٰبَنِيْۤ اٰدَمَ
سب سے بہتر (ہے)	یہ	اللہ کی نشانیوں میں سے	تاکہ وہ	نصیحت حاصل کریں	اے آدم کی اولاد

بہتر ہے۔ یہ اللہ کی نشانیوں میں سے ہے تاکہ وہ نصیحت حاصل کریں ○ اے آدم کی اولاد!

لَا يَفْتِنَنَّكُمُ الشَّيْطٰنُ كَمَاۤ اَخْرَجَ اَبَوَيْكُمْ مِّنَ الْجَنَّةِ

لَا يَفْتِنَنَّكُمُ	الشَّيْطٰنُ	كَمَاۤ	اَخْرَجَ	اَبَوَيْكُمْ	مِّنَ الْجَنَّةِ
فتنہ میں نہ ڈال دے تمہیں	شیطان	جیسے	اس نے نکال دیا	تمہارے ماں باپ (کو)	جنت سے

تمہیں شیطان فتنہ میں نہ ڈالے جیسے اس نے تمہارے ماں باپ کو جنت سے نکال دیا،

عنوان: زمین پر زندگی اور موت و حشر کا بیان | لباس عظیم نعمت ہے اور لباسِ تقویٰ کا بیان | شیطان کے فتنے سے بچنے کا حکم

1 ...... اس سے معلوم ہوا کہ زمینی مخلوق میں لباس صرف انسانوں کے لئے بنایا گیا اسی لئے جانور بے لباس ہی ہوتے ہیں۔ ستر عورت چھپانے کے قابل لباس پہننا فرض ہے اور لباسِ زینت پہننا مستحب ہے۔ لباس اللہ عَزَّوَجَلَّ کی بہت بڑی نعمت ہے اس لئے اس کے پہننے پر اللہ عَزَّوَجَلَّ کا شکر ادا کرنا چاہئے۔

2 ...... لباسِ تقویٰ کا مطلب ہے ”برے عقائد اور برے اعمال کو ترک کر دینا اور پاکیزہ سیرت اپنانا“، جس طرح کپڑوں کا لباس انسان کو سردی، گرمی اور برسات کے موسموں کی شدت سے محفوظ رکھتا ہے اسی طرح تقویٰ کا لباس انسان کو اخروی عذاب سے بچاتا ہے۔

يَنْزِعُ عَنْهُمَا لِبَاسَهُمَا لِيُرِيَهُمَا سَوْاٰتِهِمَا ؕ اِنَّهٗ

يَنْزِعُ	عَنْهُمَا	لِبَاسَهُمَا	لِيُرِيَهُمَا	سَوْاٰتِهِمَا	اِنَّهٗ
اس نے اتروادیا	ان سے	ان کا لباس	تاکہ وہ دکھادے انہیں	ان کی شرمگاہیں	بیشک وہ

ان دونوں سے ان کے لباس اتروادیئے تاکہ انہیں ان کی شرم کی چیزیں دکھادے۔ بیشک

يَرٰىكُمْ هُوَ وَ قَبِيْلُهٗ مِنْ حَيْثُ لَا تَرَوْنَهُمْ ؕ اِنَّا جَعَلْنَا

يَرٰىكُمْ(1)	هُوَ	وَ	قَبِيْلُهٗ	مِنْ حَيْثُ	لَا تَرَوْنَهُمْ	اِنَّا	جَعَلْنَا
دیکھتا ہے تمہیں	وہ	اور	اس کا قبیلہ	جہاں سے	تم نہیں دیکھتے انہیں	بیشک	ہم نے بنادیا

وہ خود اور اس کا قبیلہ تمہیں وہاں سے دیکھتے ہیں جہاں سے تم انہیں نہیں دیکھتے۔ بیشک ہم نے

الشَّيٰطِيْنَ اَوْلِيَآءَ لِلَّذِيْنَ لَا يُؤْمِنُوْنَ (27) وَ اِذَا فَعَلُوْا

الشَّيٰطِيْنَ	اَوْلِيَآءَ	لِلَّذِيْنَ	لَا يُؤْمِنُوْنَ (27)	وَ	اِذَا	فَعَلُوْا
شیطانوں (کو)	دوست	ان لوگوں کا جو	ایمان نہیں لاتے	اور	جب	وہ کریں

شیطانوں کو ایمان نہ لانے والوں کا دوست بنادیا ہے ○ اور جب کوئی بے حیائی

فَاحِشَةً قَالُوْا وَجَدْنَا عَلَيْهَآ اٰبَآءَنَا وَاللّٰهُ

فَاحِشَةً(2)	قَالُوْا	وَجَدْنَا	عَلَيْهَآ	اٰبَآءَنَا	وَ	اللّٰهُ
کوئی بے حیائی	(تو) کہتے ہیں	ہم نے پایا	اس پر	اپنے باپ دادا (کو)	اور	اللہ (نے)

کرتے ہیں تو کہتے ہیں کہ ہم نے اپنے باپ دادا کو اسی پر پایا تھا اور اللہ نے (بھی)

اَمَرَنَا بِهَا ؕ قُلْ اِنَّ اللّٰهَ لَا يَاْمُرُ بِالْفَحْشَآءِ ؕ اَتَقُوْلُوْنَ

اَمَرَنَا	بِهَا	قُلْ	اِنَّ	اللّٰهَ	لَا يَاْمُرُ	بِالْفَحْشَآءِ	اَتَقُوْلُوْنَ
حکم دیا ہمیں	اس کا	تم کہو	بیشک	اللہ	حکم نہیں دیتا	بے حیائی کا	کیا تم کہتے ہو

ہمیں اسی کا حکم دیا ہے۔ (اے حبیب!) تم فرماؤ: بیشک اللہ بے حیائی کا حکم نہیں دیتا۔ کیا تم اللہ پر وہ بات

عنوان شیطان کفار کا دوست ہے — شرک و معاصی پر کفار کا اپنی دلیل دینا اور اس کا جواب

(1)...... یعنی ”شیطان اور اس کی ذریت سارے جہان کے لوگوں کو دیکھتے ہیں جبکہ لوگ انہیں نہیں دیکھتے۔“ شیطان خطرناک دشمن ہے، اس سے بچنے کا طریقہ اللہ تعالیٰ کی پناہ مانگنا اور شیطان کے مکر و فریب سے ہوشیار رہنے کی کوشش کرنا نیز صالحین کی صحبت اختیار کرنا ہے۔ (2)...... یہاں ”فاحشہ“ سے مراد یا تو شرک ہے جس کی برائی واضح ہے اور یا پھر زمانۂ جاہلیت کے کافروں کا ایک طریقہ ہے اور وہ طریقہ یہ تھا کہ کفار مرد و عورت ننگے ہو کر خانہ کعبہ کا طواف کیا کرتے تھے اور اس کے جواز کی دلیل میں اپنے باپ دادا کو پیش کرتے تھے کہ وہ بھی ایسے ہی کیا کرتے تھے۔ یہاں اس کا رد کیا گیا ہے۔

عَلَى اللّٰهِ مَا لَا تَعْلَمُوْنَ ﴿۲۸﴾ قُلْ اَمَرَ رَبِّيْ بِالْقِسْطِ ۫ قف

عَلَى اللّٰهِ	مَا	لَا تَعْلَمُوْنَ ﴿۲۸﴾	قُلْ	اَمَرَ	رَبِّيْ	بِالْقِسْطِ (1)
اللہ پر	وہ (بات) جو	تم نہیں جانتے	تم کہو	حکم دیا	میرے رب (نے)	انصاف کا

کہتے ہو جس کی تمہیں خبر نہیں ؟ ○ تم فرماؤ: میرے رب نے عدل کا حکم دیا ہے

وَ اَقِيْمُوْا وُجُوْهَكُمْ عِنْدَ كُلِّ مَسْجِدٍ وَّادْعُوْهُ

وَ	اَقِيْمُوْا	وُجُوْهَكُمْ	عِنْدَ كُلِّ مَسْجِدٍ (2)	وَّ	ادْعُوْهُ
اور	سیدھے کرلو	اپنے چہرے	ہر سجدہ (نماز) کے وقت	اور	پکارو اسے

اور (یہ کہ) ہر نماز کے وقت تم اپنے منہ سیدھے کرو اور عبادت کو

مُخْلِصِيْنَ لَهُ الدِّيْنَ ۬ ؕ كَمَا بَدَاَكُمْ تَعُوْدُوْنَ ﴿۲۹﴾ ؕ

مُخْلِصِيْنَ	لَهُ	الدِّيْنَ	كَمَا	بَدَاَكُمْ	تَعُوْدُوْنَ ﴿۲۹﴾
خالص کرتے ہوئے	اس کے لئے	دین (عبادت)	جیسے	اس نے آغاز کیا تمہارا	(ویسے ہی) تم پلٹو گے

اسی کے لئے خالص کرکے اس کی بندگی کرو۔ اس نے جیسے تمہیں پیدا کیا ہے ویسے ہی تم پلٹو گے ○

فَرِيْقًا هَدٰى وَ فَرِيْقًا حَقَّ عَلَيْهِمُ الضَّلٰلَةُ ؕ اِنَّهُمُ

فَرِيْقًا	هَدٰى	وَ	فَرِيْقًا	حَقَّ	عَلَيْهِمُ	الضَّلٰلَةُ	اِنَّهُمُ
ایک گروہ (کو)	اس نے ہدایت دی	اور	ایک گروہ	ثابت ہوگئی	ان پر	گمراہی	بیشک وہ

ایک گروہ کو ہدایت دی اور ایک فرقے پر گمراہی ثابت ہوگئی، انہوں نے

اتَّخَذُوا الشَّيٰطِيْنَ اَوْلِيَآءَ مِنْ دُوْنِ اللّٰهِ وَ يَحْسَبُوْنَ اَنَّهُمْ

اتَّخَذُوا	الشَّيٰطِيْنَ	اَوْلِيَآءَ (3)	مِنْ دُوْنِ اللّٰهِ	وَ	يَحْسَبُوْنَ	اَنَّهُمْ
انہوں نے بنالیا	شیطانوں (کو)	دوست	اللہ کے سوا	اور	وہ گمان کرتے ہیں	کہ وہ

اللہ کو چھوڑ کر شیطانوں کو دوست بنالیا ہے اور سمجھتے یہ ہیں کہ یہ

عنوان: عدل و انصاف اور عبادت میں اخلاص کا حکم — ہدایت و گمراہی کے اعتبار سے لوگوں کے دو گروہ

(1)...... قسط کے کئی معانی ہیں جیسے حصہ، عدل و انصاف اور درمیانی چیز یعنی جس میں کمی زیادتی نہ ہو۔ اکثر مفسرین کے نزدیک یہاں آیت میں "قسط "عدل و انصاف کے معنی میں ہے۔

(2)...... یہ مصدرِ میمی ہے جس کا معنی سجدہ ہے اور اس سے مراد نماز ہے۔

(3)...... شیطانوں کو دوست بنانے کا مطلب یہ ہے کہ لوگوں نے شیطان کی اطاعت کی اور اس کے بتائے ہوئے کفر، سرکشی، گناہ اور نافرمانی کے راستے پر چلے۔

مُّهْتَدُوْنَ ۝۳۰ يٰبَنِيْۤ اٰدَمَ خُذُوْا زِيْنَتَكُمْ عِنْدَ كُلِّ مَسْجِدٍ

مُّهْتَدُوْنَ ۝۳۰	يٰبَنِيْۤ اٰدَمَ	خُذُوْا	زِيْنَتَكُمْ	عِنْدَ كُلِّ مَسْجِدٍ
ہدایت پر ہیں	اے آدم کی اولاد	لے لو	اپنی زینت	ہر سجدہ (نماز) کے وقت

ہدایت یافتہ ہیں ۝ اے آدم کی اولاد! ہر نماز کے وقت اپنی زینت لے لو

وَّكُلُوْا وَاشْرَبُوْا وَلَا تُسْرِفُوْا ۚ اِنَّهٗ لَا يُحِبُّ

وَّ	كُلُوْا	وَ	اشْرَبُوْا	وَ	لَا تُسْرِفُوْا	اِنَّهٗ	لَا يُحِبُّ
اور	کھاؤ	اور	پیو	اور	حد سے نہ بڑھو	بیشک وہ	پسند نہیں فرماتا

اور کھاؤ اور پیو اور حد سے نہ بڑھو بیشک وہ حد سے بڑھنے والوں کو

الْمُسْرِفِيْنَ ۝۳۱ ع قُلْ مَنْ حَرَّمَ زِيْنَةَ اللّٰهِ الَّتِيْۤ اَخْرَجَ

الْمُسْرِفِيْنَ ۝۳۱	قُلْ	مَنْ	حَرَّمَ (1)	زِيْنَةَ اللّٰهِ	الَّتِيْۤ	اَخْرَجَ
حد سے بڑھنے والوں (کو)	تم کہو	کس نے	حرام کی	اللہ کی زینت	وہ جو	اس نے نکالی

پسند نہیں فرماتا ۝ تم فرماؤ: اللہ کی اس زینت کو کس نے حرام کیا جو اس نے

لِعِبَادِهٖ وَالطَّيِّبٰتِ مِنَ الرِّزْقِ ؕ قُلْ هِيَ لِلَّذِيْنَ

لِعِبَادِهٖ	وَ	الطَّيِّبٰتِ مِنَ الرِّزْقِ	قُلْ	هِيَ	لِلَّذِيْنَ
اپنے بندوں کے لئے	اور	پاکیزہ رزق	تم کہو	وہ	ان لوگوں کے لئے ہے جو

اپنے بندوں کے لئے پیدا فرمائی ہے؟ اور پاکیزہ رزق کو (کس نے حرام کیا؟) تم فرماؤ: یہ دنیا میں

اٰمَنُوْا فِي الْحَيٰوةِ الدُّنْيَا خَالِصَةً يَّوْمَ الْقِيٰمَةِ ؕ كَذٰلِكَ

اٰمَنُوْا	فِي الْحَيٰوةِ الدُّنْيَا	خَالِصَةً يَّوْمَ الْقِيٰمَةِ	كَذٰلِكَ
ایمان لائے	دنیا کی زندگی میں	قیامت کے دن خاص (انہی کے لئے ہو گا)	اسی طرح

ایمان والوں کے لئے ہے، قیامت میں تو خاص انہی کے لئے ہو گا۔ ہم اسی طرح

عنوان: نماز کے وقت اچھی حالت اختیار کرنے کا حکم | کھانے پینے کی اجازت اور فضول اڑانے کی ممانعت | زینت اور پاکیزہ رزق کی حلت اور اہلِ ایمان کی خصوصیت

1 ...... اس آیت مبارکہ کی روشنی میں بہت سے لوگوں کو اپنی اصلاح کی ضرورت ہے۔ (1) وہ لوگ جو اپنے زہد و تقویٰ کے گھمنڈ میں لوگوں کی حلال اشیاء میں بھی تحقیق کر کے ان کی دل آزاری کرتے ہیں۔ یہ سخت ناجائز اور سراسر تقویٰ کے خلاف ہے۔ (2) وہ لوگ جو خود تو اپنے نفس پر سختی کرنے کی خاطر لذیذ غذاؤں کو ترک کرتے ہیں لیکن دوسرا شخص اگر ان غذاؤں کو استعمال کرتا ہے تو اسے انتہائی نفرت و حقارت کی نگاہ سے دیکھتے ہیں۔ یہ بھی سراسر حرام ہے۔ (3) وہ لوگ جو گیارہویں، میلاد شریف، بزرگوں کی فاتحہ، عرس، مجالس شہادت وغیرہ کی شیرینی اور سبیل وغیرہ کے شربت کو ممنوع و حرام کہتے ہیں وہ بھی اس آیت کے ==

نُفَصِّلُ الْاٰیٰتِ لِقَوْمٍ یَّعْلَمُوْنَ ﴿۳۲﴾ قُلْ اِنَّمَا

نُفَصِّلُ	الْاٰیٰتِ	لِقَوْمٍ	یَّعْلَمُوْنَ ﴿۳۲﴾	قُلْ	اِنَّمَا
ہم تفصیل سے بیان کرتے ہیں	آیتیں	(ان) لوگوں کے لئے	(جو) علم رکھتے ہیں	تم کہو	صرف

علم والوں کے لئے تفصیل سے آیات بیان کرتے ہیں ○ تم فرماؤ،

حَرَّمَ رَبِّیَ الْفَوَاحِشَ مَا ظَهَرَ مِنْهَا وَمَا

حَرَّمَ	رَبِّیَ	الْفَوَاحِشَ (1)	مَا	ظَهَرَ	مِنْهَا	وَ	مَا
حرام قرار دی ہیں	میرے رب (نے)	بے حیائیاں	وہ جو	ظاہر ہوں	ان میں سے	اور	جو

میرے رب نے تو ظاہری باطنی بے حیائیاں

بَطَنَ وَالْاِثْمَ وَالْبَغْیَ بِغَیْرِ الْحَقِّ وَاَنْ تُشْرِكُوْا

بَطَنَ	وَ	الْاِثْمَ (2)	وَ	الْبَغْیَ بِغَیْرِ الْحَقِّ (3)	وَ	اَنْ	تُشْرِكُوْا
چھپی ہوں	اور	گناہ	اور	ناحق زیادتی	اور	یہ کہ	تم شریک قرار دو

اور گناہ اور ناحق زیادتی کو حرام قرار دیا ہے اور اسے کہ تم اللہ کے ساتھ اس چیز کو

بِاللّٰهِ مَا لَمْ یُنَزِّلْ بِهٖ سُلْطٰنًا وَّاَنْ تَقُوْلُوْا عَلَى اللّٰهِ

بِاللّٰهِ	مَا	لَمْ یُنَزِّلْ	بِهٖ	سُلْطٰنًا	وَّ	اَنْ	تَقُوْلُوْا	عَلَى اللّٰهِ
اللہ کے ساتھ	وہ چیز	اللہ نے نہیں اتاری	اس پر	کوئی دلیل	اور	یہ کہ	تم کہو	اللہ پر

شریک قرار دو جس کی اللہ نے کوئی دلیل نہیں اتاری اور یہ کہ تم اللہ پر وہ باتیں کہو

مَا لَا تَعْلَمُوْنَ ﴿۳۳﴾ وَلِكُلِّ اُمَّةٍ اَجَلٌ ۚ فَاِذَا

مَا	لَا تَعْلَمُوْنَ ﴿۳۳﴾	وَ	لِكُلِّ اُمَّةٍ	اَجَلٌ	فَاِذَا
وہ (باتیں) جو	تمہیں معلوم نہیں	اور	ہر گروہ کے لئے	ایک مدت (مقرر ہے)	توجب

جس کا تم علم نہیں رکھتے ○ اور ہر گروہ کے لئے ایک مدت مقرر ہے تو جب

عنوان حرام و گناہ کا بیان | لوگ اپنی مقررہ مدت سے ایک گھڑی آگے پیچھے نہ ہوں گے

== صریح خلاف کر کے گناہ گار ہوتے ہیں کیونکہ یہ چیزیں حلال ہیں اور انہیں ممنوع کہنا اپنی رائے کو دین میں داخل کرنا ہے اور یہی بدعت وضلالت ہے۔

1 ..... اس سے مراد ہر کبیرہ گناہ ہے۔ ایک قول یہ ہے کہ اس سے وہ گناہ مراد ہیں جن میں شرعی سزا لازم ہو اور ایک قول یہ ہے کہ اس سے مراد زنا ہے۔

2 ..... اس کی تفسیر میں بھی چند قول ہیں (1) ہر صغیرہ گناہ (2) وہ گناہ ہے کہ جس پر شرعی سزا لازم نہ ہو۔ (3) ہر گناہ "اِثْم" ہے چاہے صغیرہ ہو یا کبیرہ۔

3 ..... ناحق زیادتی کا معنی ہے "کسی شخص کا اس چیز کو طلب کرنا جو اس کا حق نہیں" جبکہ اپنے حق کو طلب کرنا اس میں داخل نہیں۔

جَآءَ اَجَلُهُمْ لَا يَسْتَاْخِرُوْنَ سَاعَةً وَّلَا يَسْتَقْدِمُوْنَ ﴿٣٤﴾

جَآءَ	اَجَلُهُمْ	لَا يَسْتَاْخِرُوْنَ	سَاعَةً	وَّ	لَا يَسْتَقْدِمُوْنَ ﴿٣٤﴾
آجائے گی	ان کی مدت	(تو) وہ پیچھے نہیں ہٹ سکیں گے	ایک گھڑی	اور	نہ آگے ہو سکیں گے

ان کی وہ مدت آجائے گی تو ایک گھڑی نہ پیچھے ہوں گے اور نہ ہی آگے ۞

يٰبَنِيْٓ اٰدَمَ اِمَّا يَاْتِيَنَّكُمْ رُسُلٌ مِّنْكُمْ يَقُصُّوْنَ

يٰبَنِيْٓ اٰدَمَ	اِمَّا	يَاْتِيَنَّكُمْ	رُسُلٌ	مِّنْكُمْ	يَقُصُّوْنَ
اے آدم کی اولاد	اگر	آئیں تمہارے پاس	رسول	تم میں سے	(جو) بیان کریں

اے آدم کی اولاد! اگر تمہارے پاس تم میں سے وہ رسول تشریف لائیں جو تمہارے سامنے

عَلَيْكُمْ اٰيٰتِيْ ۙ فَمَنِ اتَّقٰى وَاَصْلَحَ

عَلَيْكُمْ	اٰيٰتِيْ	فَمَنِ	اتَّقٰى	وَ	اَصْلَحَ
تم پر (تمہارے سامنے)	میری آیتیں	تو جو	پرہیز گاری اختیار کرے	اور	اپنی اصلاح کر لے

میری آیتوں کی تلاوت کریں تو جو پرہیز گاری اختیار کرے گا اور اپنی اصلاح کر لے گا

فَلَا خَوْفٌ عَلَيْهِمْ وَلَا هُمْ يَحْزَنُوْنَ ﴿٣٥﴾ وَالَّذِيْنَ

فَلَا خَوْفٌ	عَلَيْهِمْ	وَ	لَا	هُمْ	يَحْزَنُوْنَ ﴿٣٥﴾	وَ	الَّذِيْنَ
تو کوئی خوف نہیں (ہو گا)	ان پر	اور	نہ	وہ	غمگین ہوں گے	اور	وہ لوگ جنہوں نے

تو ان پر نہ کچھ خوف ہو گا اور نہ وہ غمگین ہوں گے ۞ اور جو

كَذَّبُوْا بِاٰيٰتِنَا وَاسْتَكْبَرُوْا عَنْهَآ اُولٰٓىِٕكَ اَصْحٰبُ النَّارِ ۚ هُمْ

كَذَّبُوْا	بِاٰيٰتِنَا	وَ	اسْتَكْبَرُوْا(1)	عَنْهَآ	اُولٰٓىِٕكَ	اَصْحٰبُ النَّارِ	هُمْ
جھٹلایا	ہماری آیتوں کو	اور	تکبر کیا	ان سے	یہ لوگ	آگ والے (ہیں)	وہ

ہماری آیتیں جھٹلائیں گے اور ان کے مقابلے میں تکبر کریں گے تو یہ لوگ جہنمی ہیں،

عنوان: رسولوں سے متعلق بنی آدم کو ہدایت ربانی

(1)...... آیات کے مقابلے میں تکبر کا معنی ہے انہیں تسلیم نہ کرنا۔ تکبر کی ایک نحوست یہ بھی ہے کہ متکبر کیلئے نصیحت قبول کرنا بہت مشکل ہوتا ہے۔

فِيْهَا خٰلِدُوْنَ ﴿۳۶﴾ فَمَنْ اَظْلَمُ مِمَّنِ افْتَرٰى عَلَى اللّٰهِ

فِيْهَا	خٰلِدُوْنَ ﴿۳۶﴾	فَمَنْ	اَظْلَمُ	مِمَّنِ	افْتَرٰى (1)	عَلَى اللّٰهِ
اس میں	ہمیشہ رہنے والے	تو کون	بڑا ظالم	(اس) سے جو	بہتان باندھے	اللہ پر

اس میں ہمیشہ رہیں گے ○ تو اس سے بڑھ کر ظالم کون جس نے اللہ پر

كَذِبًا اَوْ كَذَّبَ بِاٰيٰتِهٖ ؕ اُولٰٓىٕكَ يَنَالُهُمْ

كَذِبًا	اَوْ	كَذَّبَ	بِاٰيٰتِهٖ	اُولٰٓىٕكَ	يَنَالُهُمْ
جھوٹ	یا	وہ جھٹلائے	اس کی آیتوں کو	یہ لوگ	پہنچتا رہے گا انہیں

جھوٹ باندھا یا اس کی آیتیں جھٹلائیں؟ تو انہیں

نَصِيْبُهُمْ مِّنَ الْكِتٰبِ ؕ حَتّٰۤى اِذَا جَآءَتْهُمْ

نَصِيْبُهُمْ	مِّنَ الْكِتٰبِ	حَتّٰۤى	اِذَا	جَآءَتْهُمْ
ان کا حصہ	(نصیب میں) لکھے ہوئے سے	یہاں تک کہ	جب	آتے ہیں ان کے پاس

ان کا لکھا ہوا حصہ پہنچتا رہے گا حتّٰی کہ جب ان کے پاس ان کی جان قبض کرنے کے لئے

رُسُلُنَا يَتَوَفَّوْنَهُمْ ۙ قَالُوْۤا اَيْنَ مَا

رُسُلُنَا	يَتَوَفَّوْنَهُمْ	قَالُوْۤا	اَيْنَ	مَا
ہمارے بھیجے ہوئے (فرشتے)	جان نکالتے ہیں ان کی	(تو فرشتے) کہتے ہیں	کہاں ہیں	وہ جن کی

ہمارے بھیجے ہوئے (فرشتے) آتے ہیں تو وہ (فرشتے ان سے) کہتے ہیں: وہ کہاں ہیں جن کی

كُنْتُمْ تَدْعُوْنَ مِنْ دُوْنِ اللّٰهِ ؕ قَالُوْا ضَلُّوْا عَنَّا

كُنْتُمْ تَدْعُوْنَ	مِنْ دُوْنِ اللّٰهِ	قَالُوْا	ضَلُّوْا	عَنَّا
تم عبادت کیا کرتے تھے	اللہ کے سوا	(جواب میں) وہ کہتے ہیں	وہ غائب ہوگئے	ہم سے

تم اللہ کے سوا عبادت کیا کرتے تھے؟ وہ (جواباً) کہتے ہیں: وہ ہم سے غائب ہوگئے

عنوان اللہ پر جھوٹا بہتان لگانے اور جھٹلانے والوں کا عبرتناک حال

1 ..... اللہ تعالیٰ پر افتراء کی مختلف صورتیں ہیں (1) بتوں یا ستاروں کو اللہ عَزَّوَجَلَّ کا شریک ٹھہرانا۔ (2) یزداں اور اہرمن دو خدا قرار دینا۔ (3) اللہ تعالیٰ کے لئے بیٹے یا بیٹیاں ٹھہرانا۔ (4) باطل احکام کو اللہ تعالیٰ کی طرف منسوب کرنا۔ آیات کو جھٹلانے سے مراد یہ ہے کہ قرآن پاک کو اللہ تعالیٰ کی طرف سے نازل کردہ کتاب نہ ماننا اور نبی اکرم صَلَّی اللّٰہُ تَعَالٰی عَلَیْہِ وَاٰلِہٖ وَسَلَّم کی نبوت کا انکار کرنا۔

وَشَهِدُوْا عَلٰۤى اَنْفُسِهِمْ اَنَّهُمْ كَانُوْا كٰفِرِيْنَ ﴿۳۷﴾

وَ	شَهِدُوْا	عَلٰۤى اَنْفُسِهِمْ	اَنَّهُمْ	كَانُوْا	كٰفِرِيْنَ ﴿۳۷﴾
اور	وہ گواہی دیتے ہیں	اپنی جانوں پر (کے خلاف)	کہ وہ	تھے	کفر کرنے والے

اور اپنی جانوں پر آپ گواہی دیتے ہیں کہ وہ کافر تھے ○

قَالَ ادْخُلُوْا فِيْۤ اُمَمٍ قَدْ خَلَتْ مِنْ قَبْلِكُمْ

قَالَ	ادْخُلُوْا	فِيْۤ اُمَمٍ	قَدْ	خَلَتْ	مِنْ قَبْلِكُمْ
اللہ فرمائے گا	داخل ہو جاؤ	(ان) گروہوں میں	تحقیق	وہ گئے	تم سے پہلے

اللہ ان سے فرمائے گا کہ تم سے پہلے جو جنوں اور آدمیوں کے گروہ

مِّنَ الْجِنِّ وَ الْاِنْسِ فِي النَّارِ ؕ كُلَّمَا دَخَلَتْ اُمَّةٌ لَّعَنَتْ

مِّنَ الْجِنِّ وَ الْاِنْسِ	فِي النَّارِ	كُلَّمَا	دَخَلَتْ	اُمَّةٌ	لَّعَنَتْ
جنوں اور انسانوں میں سے	آگ میں	جب کبھی	داخل ہو گا	ایک گروہ	لعنت کرے گا

آگ میں گئے ہیں تم بھی ان میں داخل ہو جاؤ۔ جب ایک گروہ (جہنم میں) داخل ہو گا تو دوسرے (گروہ) پر

اُخْتَهَا ؕ حَتّٰۤى اِذَا ادَّارَكُوْا

اُخْتَهَا (1)	حَتّٰۤى	اِذَا	ادَّارَكُوْا
اپنے ہم مذہب (گروہ پر)	یہاں تک کہ	جب	وہ ایک دوسرے کے پیچھے جا کر جمع ہو جائیں گے

لعنت کرے گا حتّٰی کہ جب سب اس میں جمع ہو جائیں گے

فِيْهَا جَمِيْعًا ۙ قَالَتْ اُخْرٰىهُمْ لِاُوْلٰىهُمْ رَبَّنَا

فِيْهَا	جَمِيْعًا	قَالَتْ	اُخْرٰىهُمْ	لِاُوْلٰىهُمْ	رَبَّنَا
اس (آگ) میں	سب	(تو) کہیں گے	ان کے بعد والے	اپنے پہلوں کے بارے	اے ہمارے رب

تو ان میں بعد والے پہلے والوں کے لئے کہیں گے: اے ہمارے رب!

عنوان: کفار کو دخولِ جہنم کا حکم اور اس میں ان کا حال و عذاب

(1) ......یعنی ہر قسم کا کافر اپنی قسم کے کافر کو لعنت کرے گا۔ مشرک مشرکوں پر لعنت کریں گے، یہودی یہودیوں پر اور عیسائی عیسائیوں پر لعنت کرے گا۔ اس سے معلوم ہوا کہ قیامت میں ہر ایک اس ہی کے ساتھ ہو گا جس سے دل کا تعلق ہو گا، زمانہ اور جگہ ایک ہو یا مختلف۔

هٰۤؤُلَآءِ اَضَلُّوْنَا فَاٰتِهِمْ عَذَابًا ضِعْفًا مِّنَ النَّارِ۬ؕ

هٰۤؤُلَآءِ	اَضَلُّوْنَا	فَاٰتِهِمْ	عَذَابًا ضِعْفًا	مِّنَ النَّارِ
یہ لوگ	انہوں نے گمراہ کیا ہمیں	پس تو دے انہیں	دگنا عذاب	آگ سے

انہوں نے ہمیں گمراہ کیا تھا تو تو انہیں آگ کا دگنا عذاب دے۔

قَالَ لِكُلٍّ ضِعْفٌ وَّلٰكِنْ لَّا تَعْلَمُوْنَ ﴿۳۸﴾ وَقَالَتْ

قَالَ	لِكُلٍّ	ضِعْفٌ	وَّ	لٰكِنْ	لَّا تَعْلَمُوْنَ ﴿۳۸﴾	وَ	قَالَتْ
اللہ فرمائے گا	سب کے لئے	دگنا (ہے)	اور	لیکن	تمہیں معلوم نہیں	اور	کہیں گے

اللہ فرمائے گا: سب کے لئے دُگنا ہے لیکن تمہیں معلوم نہیں ○ اور پہلے والے

اُوْلٰىهُمْ لِاُخْرٰىهُمْ فَمَا كَانَ لَكُمْ عَلَیْنَا مِنْ فَضْلٍ

اُوْلٰىهُمْ	لِاُخْرٰىهُمْ	فَمَا كَانَ	لَكُمْ	عَلَیْنَا	مِنْ فَضْلٍ
ان کے پہلے	اپنے بعد والوں سے	تو نہیں ہے	تمہارے لئے	ہم پر	کوئی فضیلت، برتری

دوسروں سے کہیں گے تو تمہیں ہم پر کوئی برتری نہ رہی

فَذُوْقُوا الْعَذَابَ بِمَا كُنْتُمْ تَكْسِبُوْنَ ﴿۳۹﴾ ع اِنَّ الَّذِیْنَ

فَذُوْقُوا	الْعَذَابَ	بِمَا	كُنْتُمْ تَكْسِبُوْنَ ﴿۳۹﴾	اِنَّ	الَّذِیْنَ
تو چکھو	عذاب	(اس کے) بدلے جو	تم کام کرتے تھے	بیشک	وہ لوگ جنہوں نے

تو اپنے اعمال کے بدلے عذاب کا مزہ چکھو ○ بیشک وہ لوگ جنہوں نے

كَذَّبُوْا بِاٰیٰتِنَا وَاسْتَكْبَرُوْا عَنْهَا لَا تُفَتَّحُ لَهُمْ

كَذَّبُوْا	بِاٰیٰتِنَا	وَ	اسْتَكْبَرُوْا	عَنْهَا	لَا تُفَتَّحُ[1]	لَهُمْ
جھٹلایا	ہماری آیتوں کو	اور	تکبر کیا	ان سے	نہیں کھولے جائیں گے	ان کے لیے

ہماری آیتوں کو جھٹلایا اور ان کے مقابلے میں تکبر کیا تو ان کے لیے آسمان کے دروازے

عنوان: کفار کے لئے آسمانی دروازے نہ کھلنے اور دخولِ جنت محال ہونے کا بیان

١ ...... کافر کے لئے آسمان کے دروازے نہ کھولے جانے کا ایک معنی یہ ہے کہ کفار کے اعمال اور ان کی ارواح کے لئے آسمان کے دروازے نہیں کھولے جائیں گے کیونکہ اُن کے اعمال و ارواح دونوں خبیث ہیں۔ دوسرا معنی یہ ہے کہ وہ خیر و برکت اور رحمت کے نزول سے محروم رہتے ہیں۔

ع ۸ ۔

اَبْوَابُ السَّمَآءِ وَلَا يَدْخُلُوْنَ الْجَنَّةَ حَتّٰى يَلِجَ

اَبْوَابُ السَّمَآءِ	وَ	لَا يَدْخُلُوْنَ	الْجَنَّةَ	حَتّٰى	يَلِجَ
آسمان کے دروازے	اور	وہ داخل نہ ہوں گے	جنت (میں)	یہاں تک کہ	داخل ہو جائے

نہ کھولے جائیں گے اور وہ جنت میں داخل نہ ہوں گے حتّٰی کہ سوئی کے سوراخ میں

الْجَمَلُ فِيْ سَمِّ الْخِيَاطِ ؕ وَكَذٰلِكَ نَجْزِي الْمُجْرِمِيْنَ ۝٤٠

الْجَمَلُ	فِيْ سَمِّ الْخِيَاطِ (1)	وَ	كَذٰلِكَ	نَجْزِي	الْمُجْرِمِيْنَ ۝٤٠ (2)
اونٹ	سوئی کے سوراخ میں	اور	ایسا ہی	ہم بدلہ دیتے ہیں	مجرموں (کو)

اونٹ داخل ہو جائے اور ہم مجرموں کو ایسا ہی بدلہ دیتے ہیں ۝

لَهُمْ مِّنْ جَهَنَّمَ مِهَادٌ وَّمِنْ فَوْقِهِمْ غَوَاشٍ ؕ

لَهُمْ	مِّنْ جَهَنَّمَ	مِهَادٌ	وَّ	مِنْ فَوْقِهِمْ	غَوَاشٍ (3)
ان کے لئے	جہنم سے	بچھونا (ہے)	اور	ان کے اوپر سے	(آگ کی) اوڑھنیاں (ہوں گی)

ان کے لئے آگ بچھونا ہے اور ان کے اوپر سے (اسی کا) اوڑھنا ہوگا

وَكَذٰلِكَ نَجْزِي الظّٰلِمِيْنَ ۝٤١ وَالَّذِيْنَ اٰمَنُوْا وَ

وَ	كَذٰلِكَ	نَجْزِي	الظّٰلِمِيْنَ ۝٤١	وَ	الَّذِيْنَ	اٰمَنُوْا	وَ
اور	ایسا ہی	ہم بدلہ دیتے ہیں	ظالموں (کو)	اور	وہ لوگ جو	ایمان لائے	اور

اور ہم ظالموں کو ایسا ہی بدلہ دیتے ہیں ۝ اور وہ جو ایمان لائے اور

عَمِلُوا الصّٰلِحٰتِ لَا نُكَلِّفُ نَفْسًا اِلَّا وُسْعَهَآ

عَمِلُوا	الصّٰلِحٰتِ	لَا نُكَلِّفُ	نَفْسًا	اِلَّا	وُسْعَهَآ
انہوں نے عمل کئے	اچھے	ہم بوجھ نہیں رکھتے	کسی جان (پر)	مگر	اس کی طاقت (کے مطابق)

انہوں نے اچھے اعمال کئے ہم کسی پر طاقت سے زیادہ بوجھ نہیں رکھتے،

عنوان: کفار کا جہنمی بچھونا — نیکوں کا انجام

1. ...... اس سے ثابت ہوا کہ کفار کا جنت سے محروم رہنا قطعی ہے کیونکہ سوئی کے سوراخ میں اونٹ کا داخل ہونا محال ہے اور جو محال پر موقوف ہو وہ بھی محال ہوتا ہے، لہٰذا کفار کا جنت میں داخل ہونا بھی محال ہے۔
2. ...... اس آیت میں مجرمین سے کفار مراد ہیں کیونکہ اُوپر ان کی صفت میں اللہ تعالیٰ کی آیات کو جھٹلانے اور ان سے تکبر کرنے کا بیان ہو چکا ہے۔
3. ...... یعنی اُوپر نیچے ہر طرف سے آگ انہیں گھیرے ہوئے ہے۔ یہاں صرف اوپر نیچے کا ذکر فرمایا گیا کیونکہ دایاں بایاں سیاقِ کلام سے خود ہی سمجھ میں آ گیا۔

اُولٰٓئِكَ اَصْحٰبُ الْجَنَّةِ ۚ هُمْ فِيْهَا خٰلِدُوْنَ ﴿۴۲﴾ وَنَزَعْنَا مَا

اُولٰٓئِكَ	اَصْحٰبُ الْجَنَّةِ	هُمْ	فِيْهَا	خٰلِدُوْنَ ﴿۴۲﴾	وَ	نَزَعْنَا	مَا
یہ لوگ	جنت والے (ہیں)	وہ	اس میں	ہمیشہ رہنے والے	اور	ہم نے کھینچ لیا	جو

وہ جنت والے ہیں وہ اس میں ہمیشہ رہیں گے ○ اور ہم نے ان کے سینوں سے

فِيْ صُدُوْرِهِمْ مِّنْ غِلٍّ تَجْرِيْ مِنْ تَحْتِهِمُ الْاَنْهٰرُ ۚ وَ

فِيْ صُدُوْرِهِمْ	مِّنْ غِلٍّ (1)	تَجْرِيْ	مِنْ تَحْتِهِمُ	الْاَنْهٰرُ	وَ
ان کے سینوں میں (تھا)	بغض و کینہ	(جنت میں) بہیں گی	ان کے نیچے	نہریں	اور

بغض و کینہ کھینچ لیا، ان کے نیچے نہریں بہیں گی اور

قَالُوا الْحَمْدُ لِلّٰهِ الَّذِيْ هَدٰىنَا لِهٰذَا ۙ وَ

قَالُوا	الْحَمْدُ (2)	لِلّٰهِ	الَّذِيْ	هَدٰىنَا	لِهٰذَا	وَ
وہ کہیں گے	تمام تعریفیں	اللہ کے لئے	جس نے	ہدایت دی ہمیں	اس کی	اور

وہ کہیں گے: تمام تعریفیں اس اللہ کے لئے ہیں جس نے ہمیں اس کی ہدایت دی اور

مَا كُنَّا لِنَهْتَدِيَ لَوْلَاۤ اَنْ هَدٰىنَا اللّٰهُ ۚ لَقَدْ

مَا كُنَّا	لِنَهْتَدِيَ	لَوْلَاۤ	اَنْ	هَدٰىنَا	اللّٰهُ	لَقَدْ
ہم نہیں تھے	کہ ہدایت پاتے	اگر نہ ہوتا	کہ	ہدایت دیتا ہمیں	اللہ	ضرور بیشک

ہم ہدایت نہ پاتے اگر اللہ ہمیں ہدایت نہ دیتا۔ بیشک

جَآءَتْ رُسُلُ رَبِّنَا بِالْحَقِّ ؕ وَنُوْدُوْۤا اَنْ تِلْكُمُ

جَآءَتْ	رُسُلُ رَبِّنَا	بِالْحَقِّ	وَ	نُوْدُوْۤا	اَنْ	تِلْكُمُ
آئے	ہمارے رب کے رسول	حق کے ساتھ	اور	انہیں ندا کی جائے گی	کہ	یہ

ہمارے رب کے رسول حق لائے اور انہیں ندا کی جائے گی کہ یہ

عنوان: اہلِ جنت کے دل کینے سے خالی ہوں گے | اہلِ جنت کا حمد و ثنا کرنا اور ہدایتِ ربانی کا اقرار | نیک اعمال کے بدلے جنت

(1)...... جنتیوں کے دل بغض و کینہ سے پاک ہوں گے اور اللہ عَزَّوَجَلَّ کے فضل سے امید ہے کہ جو یہاں اپنے دل کو بغض و کینہ اور حسد سے پاک رکھے گا اللہ عَزَّوَجَلَّ قیامت کے دن اسے پاکیزہ دل والوں یعنی جنتیوں میں داخل فرمائے گا۔ (2)...... اس سے معلوم ہوا کہ اللہ عَزَّوَجَلَّ کی حمد اور اس کا شکر جنت میں بھی ہوگا کیونکہ وہ حمد و شکر ہی کا مقام ہے۔ نیز یہ بھی معلوم ہوا کہ علم و عمل اور ہدایت کی توفیق اللہ عَزَّوَجَلَّ ہی کی عطا سے ہے لہٰذا کسی کو علم یا اچھے عمل کی توفیق ملے تو اللہ عَزَّوَجَلَّ کی حمد کرے اور اسے اللہ عَزَّوَجَلَّ ہی کی توفیق جانے۔ اسی وجہ سے ہمیں بکثرت لاحول شریف پڑھنے کا فرمایا گیا ہے۔

الْجَنَّةُ اُوْرِثْتُمُوْهَا بِمَا كُنْتُمْ تَعْمَلُوْنَ ﴿۴۳﴾ وَنَادٰۤى

الْجَنَّةُ	اُوْرِثْتُمُوْهَا (1)	بِمَا	كُنْتُمْ تَعْمَلُوْنَ ﴿۴۳﴾ (2)	وَ	نَادٰۤى
جنت (ہے)	تمہیں وارث بنادیا گیا اس کا	(اس کے) بدلے جو	تم عمل کرتے تھے	اور	پکاریں گے

جنت ہے، تمہیں تمہارے اعمال کے بدلے میں اس کا وارث بنادیا گیا ○ اور جنتی

اَصْحٰبُ الْجَنَّةِ اَصْحٰبَ النَّارِ اَنْ قَدْ وَجَدْنَا مَا وَعَدَنَا

اَصْحٰبُ الْجَنَّةِ	اَصْحٰبَ النَّارِ (3)	اَنْ	قَدْ	وَجَدْنَا	مَا	وَعَدَنَا
جنت والے	دوزخ والوں (کو)	کہ	بیشک	ہم نے پالیا	(اسے) جو	وعدہ کیا ہم سے

جہنم والوں کو پکار کر کہیں گے کہ ہمارے رب نے جو ہم سے وعدہ فرمایا تھا

رَبُّنَا حَقًّا فَهَلْ وَجَدْتُّمْ مَّا وَعَدَ رَبُّكُمْ حَقًّا ؕ

رَبُّنَا	حَقًّا	فَهَلْ	وَجَدْتُّمْ	مَّا	وَعَدَ	رَبُّكُمْ	حَقًّا
ہمارے رب (نے)	سچا	تو کیا	تم نے پالیا	(اسے) جو	وعدہ کیا	تمہارے رب (نے)	سچا

ہم نے اسے سچا پایا تو کیا تم نے بھی اس وعدے کو سچا پایا جو تم سے تمہارے رب نے کیا تھا؟

قَالُوْا نَعَمْ ۚ فَاَذَّنَ مُؤَذِّنٌۢ بَيْنَهُمْ اَنْ

قَالُوْا	نَعَمْ	فَاَذَّنَ	مُؤَذِّنٌۢ	بَيْنَهُمْ	اَنْ
وہ کہیں گے	ہاں	پھر پکارے گا	ایک ندا دینے والا	ان (جنتیوں اور جہنمیوں) کے درمیان	کہ

وہ کہیں گے: ہاں، پھر ایک ندا دینے والا ان کے درمیان پکارے گا کہ

لَّعْنَةُ اللّٰهِ عَلَى الظّٰلِمِيْنَ ﴿۴۴﴾ لا الَّذِيْنَ يَصُدُّوْنَ عَنْ سَبِيْلِ اللّٰهِ وَ

لَّعْنَةُ اللّٰهِ	عَلَى الظّٰلِمِيْنَ ﴿۴۴﴾	الَّذِيْنَ	يَصُدُّوْنَ	عَنْ سَبِيْلِ اللّٰهِ	وَ
اللہ کی لعنت (ہو)	ظالموں پر	وہ لوگ جو	روکتے ہیں	اللہ کی راہ سے	اور

ظالموں پر اللہ کی لعنت ہو ○ جو اللہ کی راہ سے روکتے ہیں اور

عنوان جنتیوں کا جہنمیوں سے مکالمہ | کافروں کے عذاب کی وجوہات

(1)...... جنت کو دو وجہ سے میراث فرمایا گیا۔ (1) کافروں کے ایمان لانے کی صورت میں جو جنتی محلات ان کیلئے تیار تھے وہ ان کے کفر کی وجہ سے ان کی بجائے اہلِ ایمان کو دیدیئے جائیں گے تو یہ گویا ان کی میراث ہوئی۔ (2) جیسے میراث اپنی محنت و کمائی سے نہیں ملتی اسی طرح جنت کا ملنا بھی اللہ عَزَّوَجَلَّ کے فضل و کرم سے ہوگا۔ (2)...... قرآن مجید میں جنت میں داخلے کے دو اسباب بیان کئے گئے ہیں (1) اللہ تعالیٰ کا فضل۔ (2) بندوں کے نیک اعمال۔ دونوں میں تطبیق یہ ہے کہ پہلا حقیقی سبب ہے اور دوسرا ظاہری سبب ہے۔ (3)...... ان سے مراد جہنمی کفار ہیں نہ کہ گنہگار مومن، کیونکہ جنتی مسلمان ان گنہگاروں کو طعنہ نہ دیں گے بلکہ ان کی شفاعت کرکے وہاں سے نکالیں گے۔

وقف لازم باختلاف

يَبْغُوْنَهَا عِوَجًا ج وَهُمْ بِالْاٰخِرَةِ كٰفِرُوْنَ ﴿۴۵﴾ وَ

يَبْغُوْنَهَا	عِوَجًا (1)	وَ	هُمْ	بِالْاٰخِرَةِ	كٰفِرُوْنَ ﴿۴۵﴾	وَ
چاہتے ہیں اس میں	ٹیڑھا پن	اور	وہ	آخرت کا	انکار کرنے والے (ہیں)	اور

اسے ٹیڑھا (کرنا) چاہتے ہیں اور وہ آخرت کا انکار کرنے والے ہیں ○ اور

بَيْنَهُمَا حِجَابٌ ج وَعَلَى الْاَعْرَافِ رِجَالٌ

بَيْنَهُمَا	حِجَابٌ (2)	وَ	عَلَى الْاَعْرَافِ	رِجَالٌ
ان دونوں کے درمیان	ایک پردہ (ہے)	اور	اعراف پر	کچھ مرد (ہوں گے)

جنت و دوزخ کے درمیان میں ایک پردہ ہے اور اعراف پر کچھ مرد ہوں گے

يَّعْرِفُوْنَ كُلًّا بِسِيْمٰهُمْ ج وَنَادَوْا اَصْحٰبَ الْجَنَّةِ اَنْ

يَّعْرِفُوْنَ	كُلًّا	بِسِيْمٰهُمْ	وَ	نَادَوْا	اَصْحٰبَ الْجَنَّةِ	اَنْ
وہ پہچانیں گے	سب (کو)	ان کی پیشانیوں سے	اور	وہ پکاریں گے	جنت والوں (کو)	کہ

جو سب کو ان کی پیشانیوں سے پہچانیں گے اور وہ جنتیوں کو پکاریں گے کہ

سَلٰمٌ عَلَيْكُمْ قف لَمْ يَدْخُلُوْهَا وَهُمْ

سَلٰمٌ عَلَيْكُمْ	لَمْ يَدْخُلُوْهَا	وَ	هُمْ
تم پر سلام (ہو)	وہ (اعراف والے) داخل نہیں ہوئے اس (جنت) میں	اور (جبکہ)	وہ

تم پر سلام ہو۔ یہ اعراف والے خود جنت میں داخل نہ ہوئے ہوں گے اور

يَطْمَعُوْنَ ﴿۴۶﴾ وَاِذَا صُرِفَتْ اَبْصَارُهُمْ

يَطْمَعُوْنَ ﴿۴۶﴾	وَ	اِذَا	صُرِفَتْ	اَبْصَارُهُمْ
(جنت کی) طمع رکھتے ہوں گے	اور	جب	پھیری جائیں گی	ان (اعراف والوں) کی آنکھیں

اس کی طمع رکھتے ہوں گے ○ اور جب ان اعراف والوں کی آنکھیں جہنمیوں کی طرف

عنوان: اعراف پر موجود لوگوں کا اہلِ جنت سے کلام | جہنمیوں کو دیکھ کر اہلِ اعراف کی دعا

1 ...... یہاں یہ وعیدیں بطورِ خاص کافروں کے متعلق ہیں لیکن جو مسلمان کہلانے والے بھی دوسروں کو دین پر عمل کرنے سے منع کرتے ہیں اور وہ لوگ جو دین میں تحریف و تبدیلی چاہتے ہیں جیسے بے دین و ملحد لوگ جو دین میں تحریف و تغییر کی کوششیں کرتے رہتے ہیں ایسے لوگ بھی کوئی کم مجرم نہیں بلکہ وہ بھی جہنم کے مستحق ہیں۔ 2 ...... یہ پردہ اس لئے ہے تاکہ دوزخ کا اثر جنت میں اور جنت کا اثر دوزخ میں نہ آسکے اور حق یہ ہے کہ یہ پردہ اعراف ہی ہے چونکہ یہ پردہ بہت اونچا ہوگا اس لئے اسے اعراف کہا جاتا ہے کیونکہ اعراف کا معنٰی ہے "بلند جگہ"۔

تِلْقَآءَ اَصْحٰبِ النَّارِ ۙ قَالُوْا رَبَّنَا لَا تَجْعَلْنَا مَعَ الْقَوْمِ الظّٰلِمِیْنَ ۝٤٧ ع

تِلْقَآءَ اَصْحٰبِ النَّارِ	قَالُوْا	رَبَّنَا	لَا تَجْعَلْنَا	مَعَ الْقَوْمِ الظّٰلِمِیْنَ ۝٤٧
جہنم والوں کی طرف	وہ کہیں گے	اے ہمارے رب	تو نہ کرنا ہمیں	ظلم کرنے والی قوم کے ساتھ

پھیری جائیں گی تو کہیں گے: اے ہمارے رب! ہمیں ظالموں کے ساتھ نہ کرنا ○

وَنَادٰٓی اَصْحٰبُ الْاَعْرَافِ رِجَالًا یَّعْرِفُوْنَهُمْ

وَ	نَادٰٓی	اَصْحٰبُ الْاَعْرَافِ	رِجَالًا	یَّعْرِفُوْنَهُمْ
اور	پکاریں گے	اعراف والے	کچھ مردوں (کو)	وہ پہچانتے ہوں گے انہیں

اور اعراف والے کچھ مردوں کو پکار کر کہیں گے جنہیں ان کی پیشانیوں سے

بِسِیْمٰهُمْ قَالُوْا مَآ اَغْنٰی عَنْكُمْ جَمْعُكُمْ وَمَا

بِسِیْمٰهُمْ	قَالُوْا	مَآ اَغْنٰی	عَنْكُمْ	جَمْعُكُمْ	وَ	مَا
ان کی پیشانیوں سے	کہیں گے	نہیں کام آئی	تم سے (تمہیں)	تمہاری جماعت	اور	جو

پہچانتے ہوں گے: تمہاری جماعت اور جو تم تکبر کرتے تھے

كُنْتُمْ تَسْتَكْبِرُوْنَ ۝٤٨ اَهٰٓؤُلَآءِ الَّذِیْنَ اَقْسَمْتُمْ

كُنْتُمْ تَسْتَكْبِرُوْنَ ۝٤٨	اَهٰٓؤُلَآءِ (1)	الَّذِیْنَ	اَقْسَمْتُمْ
تم تکبر کرتے تھے	کیا یہ ہیں	وہ لوگ جو (جن کے بارے)	تم نے قسمیں کھائیں

وہ تمہیں کام نہ آیا ○ کیا یہی وہ لوگ ہیں جن کے متعلق تم قسمیں کھا کر کہتے تھے

لَا یَنَالُهُمُ اللّٰهُ بِرَحْمَةٍ ؕ اُدْخُلُوا الْجَنَّةَ

لَا یَنَالُهُمُ اللّٰهُ بِرَحْمَةٍ	اُدْخُلُوا	الْجَنَّةَ
(کہ) اللہ انہیں رحمت نہیں پہنچائے گا	(ان سے تو فرمادیا گیا کہ) تم داخل ہو جاؤ	جنت (میں)

کہ اللہ ان پر رحمت نہیں کرے گا (ان سے تو فرمایا گیا ہے کہ) تم جنت میں داخل ہو جاؤ

عنوان اہلِ اعراف کا کافر جہنمیوں سے کلام

1 ...... اعراف والے غریب جنتی مسلمانوں کی طرف اشارہ کر کے مشرکوں سے کہیں گے کہ کیا یہی وہ غریب مسلمان ہیں جنہیں تم دُنیا میں حقیر سمجھتے تھے اور جن کی غریبی فقیری دیکھ کر تم قسمیں کھاتے تھے کہ اللہ عَزَّوَجَلَّ ان پر رحمت نہیں فرمائے گا، اب خود دیکھ لو کہ وہ جنت کے دائمی عیش وراحت میں کس عزت واحترام کے ساتھ ہیں اور تم کس بڑی مصیبت میں مبتلا ہو۔ اس سے معلوم ہوا کہ دنیا میں مومن کی فقیری یا کافر کی امیری سے دھوکا نہ کھانا چاہئے نیز کسی غریب کی غربت کا مذاق نہیں اُڑانا چاہئے۔ غریبوں کی بے کسی کا مذاق اڑانا کافروں کا طریقہ ہے اور مسلمان کو غربت کے طعنے دینا ایذاءِ مسلم اور حرام فعل ہے۔

لَا خَوْفٌ عَلَيْكُمْ وَلَآ اَنْتُمْ تَحْزَنُوْنَ ﴿۴۹﴾ وَنَادٰۤى اَصْحٰبُ النَّارِ

لَا خَوْفٌ	عَلَيْكُمْ	وَ	لَآ	اَنْتُمْ	تَحْزَنُوْنَ ﴿۴۹﴾	وَ	نَادٰۤى	اَصْحٰبُ النَّارِ
کوئی خوف نہیں	تم پر	اور	نہ	تم	غمگین ہوگے	اور	پکاریں گے	جہنم والے

تم پر نہ کوئی خوف ہے اور نہ تم غمگین ہوگے ○ اور جہنمی

اَصْحٰبَ الْجَنَّةِ اَنْ اَفِيْضُوْا عَلَيْنَا مِنَ الْمَآءِ اَوْ مِمَّا

اَصْحٰبَ الْجَنَّةِ	اَنْ	اَفِيْضُوْا	عَلَيْنَا	مِنَ الْمَآءِ	اَوْ	مِمَّا
جنت والوں (کو)	کہ	ڈال دو	ہمارے اوپر	کچھ پانی	یا	(اس) سے جو

جنتیوں کو پکاریں گے کہ ہمیں کچھ پانی دیدو یا اس رزق سے

رَزَقَكُمُ اللّٰهُ ؕ قَالُوْۤا اِنَّ اللّٰهَ حَرَّمَهُمَا

رَزَقَكُمُ	اللّٰهُ	قَالُوْۤا	اِنَّ	اللّٰهَ	حَرَّمَهُمَا (1)
رزق دیا تمہیں	اللہ (نے)	وہ کہیں گے	بیشک	اللہ (نے)	حرام کر دیا ہے ان دونوں کو

کچھ دیدو جو اللہ نے تمہیں دیا ہے۔ جنتی کہیں گے: بیشک اللہ نے یہ دونوں چیزیں کافروں پر

عَلَى الْكٰفِرِيْنَ ﴿۵۰﴾ الَّذِيْنَ اتَّخَذُوْا دِيْنَهُمْ لَهْوًا وَّلَعِبًا

عَلَى الْكٰفِرِيْنَ ﴿۵۰﴾ (2)	الَّذِيْنَ	اتَّخَذُوْا	دِيْنَهُمْ	لَهْوًا	وَّ	لَعِبًا
کافروں پر	وہ لوگ جنہوں نے	بنالیا	اپنے دین (کو)	تماشا	اور	کھیل

حرام کر دی ہیں ○ جنہوں نے اپنے دین کو کھیل تماشا بنالیا

وَّغَرَّتْهُمُ الْحَيٰوةُ الدُّنْيَا ۚ فَالْيَوْمَ نَنْسٰىهُمْ كَمَا

وَّ	غَرَّتْهُمُ	الْحَيٰوةُ الدُّنْيَا	فَالْيَوْمَ	نَنْسٰىهُمْ (3)	كَمَا
اور	دھوکا دیا انہیں	دنیا کی زندگی (نے)	تو آج	ہم چھوڑ دیں گے انہیں	کیونکہ

اور دنیا کی زندگی نے انہیں دھوکا دیا تو آج ہم انہیں چھوڑ دیں گے کیونکہ

عنوان: اہلِ جہنم کا جنتیوں سے پانی و رزق مانگنا — دین کو کھیل تماشا بنانے والے کفار کا اخروی انجام

(1)...... یہاں حرام سے مراد شرعی حرام نہیں کیونکہ وہاں شرعی احکام جاری نہ ہوں گے بلکہ مراد کامل محرومی ہے۔ نیز جنتیوں کا جہنمیوں کی مدد نہ کرنا کافر جہنمیوں کے متعلق ہے ورنہ جہنم کے مستحق بہت سے گناہگار مسلمانوں کو ان کے نیک رشتے داروں کی شفاعت نصیب ہوگی۔ (2)...... اس سے معلوم ہوا کہ جنتی مومن کو دوزخی کافر سے بالکل محبت نہ ہوگی اور نہ ہی اس پر رحم آئے گا اگرچہ اس کا سگا باپ، بیٹا یا بہترین دوست ہو، وہ اس کے مانگنے پر بھی اُدھر کچھ نہ پھینکے گا۔ (3)...... یہاں اللہ تعالیٰ کی طرف نسیان کی نسبت کا مطلب کفار کے نسیان (بھولنے) کا بدلہ دینا ہے۔

نَسُوْا لِقَآءَ يَوْمِهِمْ هٰذَا ۙ وَمَا كَانُوْا

نَسُوْا	لِقَآءَ يَوْمِهِمْ هٰذَا	وَ	مَا	كَانُوْا
انہوں نے بھلا دیا	اپنے اس دن کی ملاقات (کو)	اور	(اس لئے) کہ	وہ تھے

انہوں نے اپنے اِس دن کی ملاقات کو بھلا رکھا تھا اور وہ

بِاٰيٰتِنَا يَجْحَدُوْنَ ﴿۵۱﴾ وَلَقَدْ جِئْنٰهُمْ بِكِتٰبٍ

بِاٰيٰتِنَا	يَجْحَدُوْنَ ﴿۵۱﴾	وَ	لَقَدْ	جِئْنٰهُمْ بِكِتٰبٍ (1)
ہماری آیتوں کا	انکار کرتے	اور	ضرور بیشک	ہم لائے ان کے پاس ایک کتاب

ہماری آیتوں سے انکار کرتے تھے ○ اور بیشک ہم ان کے پاس ایک کتاب لائے

فَصَّلْنٰهُ عَلٰى عِلْمٍ هُدًى وَّرَحْمَةً

فَصَّلْنٰهُ	عَلٰى عِلْمٍ	هُدًى وَّرَحْمَةً (2)
ہم نے تفصیل سے بیان کیا اسے	ایک عظیم علم (کی بنا) پر	(وہ) ہدایت اور رحمت (ہے)

جسے ہم نے ایک عظیم علم کی بنا پر بڑی تفصیل سے بیان کیا، ایمان لانے والوں کے لئے

لِّقَوْمٍ يُّؤْمِنُوْنَ ﴿۵۲﴾ هَلْ يَنْظُرُوْنَ اِلَّا

لِّقَوْمٍ	يُّؤْمِنُوْنَ ﴿۵۲﴾	هَلْ	يَنْظُرُوْنَ	اِلَّا
(ان) لوگوں کے لئے	(جو) ایمان لاتے ہیں	کیا (یعنی نہیں)	وہ انتظار کر رہے	مگر

ہدایت اور رحمت ہے ○ وہ تو صرف قرآن کے کہے ہوئے

تَاْوِيْلَهٗ ؕ يَوْمَ يَاْتِيْ تَاْوِيْلُهٗ

تَاْوِيْلَهٗ	يَوْمَ	يَاْتِيْ	تَاْوِيْلُهٗ
اس (قرآن) کا (بتایا ہوا) انجام	(جس) دن	(اُن کے سامنے) آئے گا	اس کا (بتایا ہوا) انجام

آخری انجام کا انتظار کر رہے ہیں۔ جس دن وہ آخری انجام آئے گا

عنوان: مفصل بیان اور ہدایت و رحمت پر مشتمل کتاب قرآن — کفار کی دنیا میں غفلت اور قیامت میں حسرت و نقصان

(1)...... کتاب سے مراد قرآن پاک ہے جسے اللہ تعالیٰ نے اپنے کامل علم کی بنا پر بڑی تفصیل سے بیان کیا کہ اس میں انسانی ہدایت کیلئے جن جن چیزوں کی ضرورت ہے اللہ عَزَّوَجَلَّ نے وہ تمام چیزیں بیان فرمادیں اور جس چیز کی طرف اللہ عَزَّوَجَلَّ نے دعوت دی اس کی حقانیت کے زبردست دلائل قائم فرمائے اور اسے بار بار دلنشین انداز اور حسین پیرایوں میں بیان کیا۔ قرآن پاک عقائدِ حقہ اور اعمالِ صالحہ کے بیان کا حسین مجموعہ ہے۔ (2)...... قرآن کی رحمت عامہ تو سارے عالم کیلئے ہے کہ ساری دنیا کو ایک ہدایت نامہ مل گیا مگر رحمت خاصہ صرف مومنوں کیلئے ہے کیونکہ اس سے نفع صرف وہی اٹھاتے ہیں۔

يَقُوْلُ الَّذِيْنَ نَسُوْهُ مِنْ قَبْلُ قَدْ جَآءَتْ

يَقُوْلُ	الَّذِيْنَ	نَسُوْهُ	مِنْ قَبْلُ	قَدْ	جَآءَتْ
(تو) کہیں گے	وہ لوگ جنہوں نے	بھلا دیا تھا اسے	(اس) سے پہلے	(کہ) بیشک	آئے تھے

توجو اِس سے پہلے بھولے ہوئے تھے بول اٹھیں گے کہ بیشک

رُسُلُ رَبِّنَا بِالْحَقِّ ۚ فَهَلْ لَّنَا مِنْ شُفَعَآءَ

رُسُلُ رَبِّنَا	بِالْحَقِّ	فَهَلْ	لَّنَا	مِنْ شُفَعَآءَ
ہمارے رب کے رسول	حق کے ساتھ	تو کیا	ہمارے لئے (ہیں)	کوئی سفارشی

ہمارے رب کے رسول حق کے ساتھ تشریف لائے تھے، تو ہیں کوئی ہمارے سفارشی

فَيَشْفَعُوْا لَنَآ اَوْ نُرَدُّ فَنَعْمَلَ

فَيَشْفَعُوْا	لَنَآ	اَوْ	نُرَدُّ	فَنَعْمَلَ
تو وہ سفارش کریں	ہمارے لئے	یا	ہمیں واپس بھیج دیا جائے	تو ہم عمل کریں

جو ہماری شفاعت کردیں؟ یا ہمیں واپس بھیج دیا جائے تو ہم جو پہلے عمل کیا کرتے تھے

غَيْرَ الَّذِيْ كُنَّا نَعْمَلُ ؕ قَدْ خَسِرُوْٓا اَنْفُسَهُمْ وَ

غَيْرَ الَّذِيْ	كُنَّا نَعْمَلُ	قَدْ	خَسِرُوْٓا	اَنْفُسَهُمْ	وَ
(اس کے) علاوہ جو	ہم عمل کیا کرتے تھے	بیشک	انہوں نے خسارے میں ڈالیں	اپنی جانیں	اور

اس کے برخلاف اعمال کرلیں۔ بیشک انہوں نے اپنی جانیں نقصان میں ڈالیں اور

ضَلَّ عَنْهُمْ مَّا كَانُوْا يَفْتَرُوْنَ ﴿٥٣﴾ ع اِنَّ رَبَّكُمُ اللّٰهُ الَّذِيْ ع ٦ ٦ ١٣

ضَلَّ	عَنْهُمْ	مَّا	كَانُوْا يَفْتَرُوْنَ ﴿٥٣﴾ (1)	اِنَّ	رَبَّكُمُ	اللّٰهُ	الَّذِيْ
گم ہو گئے	ان سے	جو	وہ بہتان باندھتے تھے	بیشک	تمہارا رب	اللہ (ہے)	جس نے

ان سے کھو گئے جو یہ بہتان باندھتے تھے ○ بیشک تمہارا رب اللہ ہے جس نے

عنوان عظمت وقدرتِ الٰہی کے دلائل

1 ...... مذکورہ بالا آیات میں جو کچھ بیان ہوا اس میں بنیادی طور پر مسلمانوں اور کافروں کے انجام کا بیان کیا گیا ہے لیکن اس کے ساتھ اصحابِ اعراف کا بھی بیان ہے جن کی نیکیاں اور گناہ برابر ہوں گے۔ اب یہاں مسلمانوں کا ایک وہ گروہ بھی ہوگا جن کے گناہ زیادہ اور نیکیاں کم ہوں گی اور یونہی وہ لوگ بھی ہوں گے جو نیکیوں کے باوجود کسی گناہ پر پکڑے جائیں گے۔ ان تمام چیزوں کو پیشِ نظر رکھتے ہوئے ہمیں اپنی آخرت کی فکر کرنی چاہیے۔ سب سے پہلے تو کفر سے بچنے کی انتہائی کوشش کریں، دوسرے یہ کہ اگرچہ کوئی مسلمان ہمیشہ کیلئے جہنم میں نہیں جائے گا لیکن یہ بات طے شدہ ہے کہ کچھ گناہگار=

خَلَقَ السَّمٰوٰتِ وَ الْاَرْضَ فِیْ سِتَّةِ اَیَّامٍ ثُمَّ

خَلَقَ	السَّمٰوٰتِ	وَ	الْاَرْضَ	فِیْ سِتَّةِ اَیَّامٍ (1)	ثُمَّ
بنائے	آسمان	اور	زمین	چھ دن میں	پھر

آسمان اور زمین چھ دن میں بنائے پھر

اسْتَوٰى عَلَى الْعَرْشِ ۚ یُغْشِی الَّیْلَ النَّهَارَ

اسْتَوٰى (2)	عَلَى الْعَرْشِ	یُغْشِی	الَّیْلَ النَّهَارَ
(اپنی شان کے لائق) استواء فرمایا	عرش پر	وہ ڈھانپ دیتا ہے	رات دن (کو ایک دوسرے سے)

عرش پر استواء فرمایا جیسا اس کی شان کے لائق ہے، رات دن کو ایک دوسرے سے ڈھانپ دیتا ہے

یَطْلُبُهٗ حَثِیْثًا ۙ وَّ الشَّمْسَ وَ الْقَمَرَ وَ

یَطْلُبُهٗ	حَثِیْثًا	وَّ	الشَّمْسَ	وَ	الْقَمَرَ	وَ
(کہ ہر ایک) پیچھے چلا آرہا ہے اس (دوسرے) کے	تیزی (سے)	اور	سورج	اور	چاند	اور

کہ (ایک) دوسرے کے پیچھے جلد جلد چلا آرہا ہے اور اس نے سورج اور چاند اور

النُّجُوْمَ مُسَخَّرٰتٍۭ بِاَمْرِهٖ ؕ اَلَا لَهُ الْخَلْقُ وَ

النُّجُوْمَ	مُسَخَّرٰتٍۭ بِاَمْرِهٖ	اَلَا	لَهُ	الْخَلْقُ	وَ
ستاروں (کو بنایا)	(یہ سب) اس کے حکم کے پابند (ہیں)	سن لو	اسی کے (لائق ہے)	پیدا کرنا	اور

ستاروں کو بنایا اس حال میں کہ سب اس کے حکم کے پابند ہیں۔ سن لو! پیدا کرنا اور تمام کاموں میں

الْاَمْرُ ؕ تَبٰرَكَ اللّٰهُ رَبُّ الْعٰلَمِیْنَ ﴿۵۴﴾ اُدْعُوْا رَبَّكُمْ

الْاَمْرُ	تَبٰرَكَ	اللّٰهُ	رَبُّ الْعٰلَمِیْنَ ﴿۵۴﴾	اُدْعُوْا	رَبَّكُمْ
حکم دینا	بڑی برکت والا ہے	اللہ	(جو) تمام جہانوں کا رب (ہے)	دعا کرو	اپنے رب (سے)

تصرف کرنا اسی کے لائق ہے۔ اللہ بڑی برکت والا ہے جو سارے جہانوں کا رب ہے ○ اپنے رب سے

عنوان دعا مانگنے کا ایک ادب اور حد سے بڑھنے کی ممانعت

= مسلمان ضرور جہنم میں جائیں گے لہٰذا ہمیں جہنم کے عذاب اور اس کی ہولناکیوں سے ڈرتے رہنا چاہئے۔

1 ...... چھ دن میں تخلیق سے کیا مراد ہے، اس کے متعلق بعض نے فرمایا کہ چھ دن سے مراد چھ ادوار ہیں اور اکثر نے فرمایا کہ دنیوی اعتبار سے جو چھ دن کی مقدار بنتی ہے وہ مراد ہے۔ بہر حال جو بھی صورت ہو اللہ تعالیٰ ہر صورت پر قادر ہے۔ 2 ...... یہ آیت متشابہات میں سے ہے، اس سے درحقیقت کیا مراد ہے وہ اللہ تعالیٰ ہی بہتر جانتا ہے اور ہم اس کے حق ہونے پر ایمان لاتے ہیں۔ اس سے متعلق مزید تفصیل تفسیر صراط الجنان، ج3، ص339 پر ملاحظہ فرمائیں۔

تَضَرُّعًا وَّ خُفْيَةً ؕ اِنَّهٗ لَا يُحِبُّ الْمُعْتَدِيْنَ ﴿۵۵﴾ ج وَ

تَضَرُّعًا	وَّ	خُفْيَةً	اِنَّهٗ	لَا يُحِبُّ	الْمُعْتَدِيْنَ ﴿۵۵﴾ [1]	وَ
گڑگڑاتے	اور	آہستہ	بیشک وہ	پسند نہیں فرماتا	حد سے بڑھنے والوں (کو)	اور

گڑگڑاتے ہوئے اور آہستہ آواز سے دعا کرو۔ بیشک وہ حد سے بڑھنے والے کو پسند نہیں فرماتا ○ اور

لَا تُفْسِدُوْا فِی الْاَرْضِ بَعْدَ اِصْلَاحِهَا وَ ادْعُوْهُ خَوْفًا وَّ

لَا تُفْسِدُوْا	فِی الْاَرْضِ	بَعْدَ اِصْلَاحِهَا	وَ	ادْعُوْهُ	خَوْفًا	وَّ
تم فساد نہ کرو	زمین میں	اس کی اصلاح کے بعد	اور	دعا کرو اس سے	ڈرتے (ہوئے)	اور

زمین میں اس کی اصلاح کے بعد فساد برپا نہ کرو اور اللہ سے دعا کرو ڈرتے ہوئے اور

طَمَعًا ؕ اِنَّ رَحْمَتَ اللّٰهِ قَرِيْبٌ مِّنَ الْمُحْسِنِيْنَ ﴿۵۶﴾ وَ هُوَ

طَمَعًا [2]	اِنَّ	رَحْمَتَ اللّٰهِ	قَرِيْبٌ	مِّنَ الْمُحْسِنِيْنَ ﴿۵۶﴾	وَ	هُوَ
طمع کرتے (ہوئے)	بیشک	اللہ کی رحمت	قریب (ہے)	نیکی کرنے والوں سے	اور	وہی (ہے)

طمع کرتے ہوئے۔ بیشک اللہ کی رحمت نیک لوگوں کے قریب ہے ○ اور وہی ہے

الَّذِیْ يُرْسِلُ الرِّيٰحَ بُشْرًۢا بَيْنَ يَدَیْ رَحْمَتِهٖ ؕ حَتّٰۤى اِذَاۤ

الَّذِیْ	يُرْسِلُ	الرِّيٰحَ	بُشْرًۢا	بَيْنَ يَدَیْ رَحْمَتِهٖ	حَتّٰۤى	اِذَاۤ
جو	بھیجتا ہے	ہوائیں	خوشخبری (دیتی ہوئیں)	اس کی رحمت کے آگے	یہاں تک کہ	جب

جو ہواؤں کو اس حال میں بھیجتا ہے کہ اس کی رحمت کے آگے آگے خوشخبری دے رہی ہوتی ہیں یہاں تک کہ جب

اَقَلَّتْ سَحَابًا ثِقَالًا سُقْنٰهُ لِبَلَدٍ مَّيِّتٍ فَاَنْزَلْنَا

اَقَلَّتْ	سَحَابًا ثِقَالًا	سُقْنٰهُ	لِبَلَدٍ مَّيِّتٍ	فَاَنْزَلْنَا
وہ اٹھا کر لاتی ہے	بھاری بادل	(تو) ہم چلاتے ہیں اسے	کسی مردہ شہر کی طرف	پھر ہم اتارتے ہیں

وہ ہوائیں بھاری بادل کو اٹھا لاتی ہیں تو ہم اس بادل کو کسی مردہ شہر کی طرف چلاتے ہیں پھر

عنوان زمین میں فساد کی ممانعت اور دعا مانگنے کا ایک ادب — قدرت و وحدانیت اور وقوع قیامت کی دلیل

(1)...... یعنی لوگوں کو دعا وغیرہ جن چیزوں کا حکم دیا گیا ان میں حد سے بڑھنے والوں کو اللہ تعالیٰ پسند نہیں کرتا۔ یاد رہے کہ دعا میں حد سے بڑھنے کی مختلف صورتیں ہیں جیسے ہمیشہ کے لئے تندرستی اور عافیت مانگنا، گناہ کی دعا مانگنا، سب مسلمانوں کے سب گناہ بخشے جانے کی دعا مانگنا اور کافر کی مغفرت کی دعا کرنا وغیرہ۔ (2)...... اس میں دعا مانگنے کا ایک ادب بیان فرمایا گیا ہے کہ جب بھی دعا مانگو تو اللہ عَزَّوَجَلَّ کے عذاب سے ڈرتے ہوئے اور اس کی رحمت کی طمع کرتے ہوئے دعا کرو۔ اس سے معلوم ہوا کہ دعا اور عبادات میں خوف و امید دونوں ہونے چاہئیں اس سے اِنْ شَاءَ اللہ عَزَّوَجَلَّ یہ جلد قبول ہوں گی۔

بِهِ الْمَآءَ فَاَخْرَجْنَا بِهٖ مِنْ كُلِّ الثَّمَرٰتِؕ

بِهِ [1]	الْمَآءَ	فَاَخْرَجْنَا	بِهٖ	مِنْ كُلِّ الثَّمَرٰتِ
اس (بادل) سے (یا) اس (مردہ شہر) میں	پانی	تو ہم نکالتے ہیں	اس (پانی) کے ذریعے	ہر (قسم کے) پھل

اس مردہ شہر میں پانی اتارتے ہیں تو اس پانی کے ذریعے ہر طرح کے پھل نکالتے ہیں۔

كَذٰلِكَ نُخْرِجُ الْمَوْتٰى لَعَلَّكُمْ تَذَكَّرُوْنَ ﴿۵۷﴾ وَالْبَلَدُ الطَّيِّبُ

كَذٰلِكَ	نُخْرِجُ	الْمَوْتٰى	لَعَلَّكُمْ	تَذَكَّرُوْنَ ﴿۵۷﴾	وَ	الْبَلَدُ الطَّيِّبُ [2]
اسی طرح	ہم نکالیں گے	مُردوں (کو)	تاکہ تم	نصیحت حاصل کرو	اور	اچھی زمین

اسی طرح ہم مُردوں کو نکالیں گے۔ (یہ بیان اس لئے ہے) تاکہ تم نصیحت حاصل کرو○ اور جو اچھی زمین ہوتی ہے

يَخْرُجُ نَبَاتُهٗ بِاِذْنِ رَبِّهٖۚ وَالَّذِیْ خَبُثَ لَا يَخْرُجُ

يَخْرُجُ	نَبَاتُهٗ	بِاِذْنِ رَبِّهٖ	وَ	الَّذِیْ [3]	خَبُثَ	لَا يَخْرُجُ
نکل آتا ہے	اس کا سبزہ	اپنے رب کے حکم سے	اور	جو	خراب ہو	(اس کا سبزہ) نہیں نکلتا

اس کا سبزہ تو اپنے رب کے حکم سے نکل آتا ہے اور جو خراب ہو اس کا سبزہ بڑی مشکل سے

اِلَّا نَكِدًاؕ كَذٰلِكَ نُصَرِّفُ الْاٰیٰتِ لِقَوْمٍ

اِلَّا	نَكِدًا	كَذٰلِكَ	نُصَرِّفُ	الْاٰیٰتِ	لِقَوْمٍ
مگر	تھوڑا، بڑی مشکل (سے)	اسی طرح	ہم بار بار بیان کرتے ہیں	آیتیں	(ان) لوگوں کے لئے

تھوڑا سا نکلتا ہے۔ ہم اسی طرح شکر کرنے والے لوگوں کے لئے تفصیل سے آیات

ع ۷ ۵ ۱۴

يَّشْكُرُوْنَ ﴿۵۸﴾ع لَقَدْ اَرْسَلْنَا نُوْحًا اِلٰى قَوْمِهٖ فَقَالَ

يَّشْكُرُوْنَ ﴿۵۸﴾	لَقَدْ	اَرْسَلْنَا	نُوْحًا	اِلٰى قَوْمِهٖ	فَقَالَ
(جو) شکر کرتے ہیں	ضرور بیشک	ہم نے بھیجا	نوح (کو)	اس کی قوم کی طرف	تو اس نے کہا

بیان کرتے ہیں○ بیشک ہم نے نوح کو اس کی قوم کی طرف بھیجا تو اس نے کہا:

عنوان: مومن و کافر کے قبولِ حق کی مثال | حضرت نوح عَلَیْہِ الصَّلٰوۃُ وَالسَّلَام کی تبلیغ

1..... بعض مفسرین کے نزدیک یہاں لفظ ”بِهٖ“ میں ضمیر کا مرجع ”بادل“ ہے، اس صورت میں آیت کا معنی ہوا ”پھر ہم نے اس بادل سے پانی اتارا“ اور بعض مفسرین کے نزدیک اس کا مرجع ”مردہ شہر“ ہے، اس صورت میں آیت کا معنی ہو گا ”پھر ہم نے اس مردہ شہر میں پانی اتارا“۔

2..... یہ مومن کی مثال ہے کہ جس طرح عمدہ زمین پانی سے نفع پاتی ہے اسی طرح مومن قرآنی انوار کی بارش سے نفع پاتا ہے۔

3..... یہ کافر کی مثال ہے کہ جیسے خراب زمین بارش سے نفع نہیں پاتی ایسے ہی کافر قرآنی انوار کی بارش سے نفع نہیں پاتا۔

يٰقَوْمِ اعْبُدُوا اللّٰهَ مَا لَكُمْ مِّنْ اِلٰهٍ غَيْرُهٗ ؕ

يٰقَوْمِ	اعْبُدُوا	اللّٰهَ	مَا لَكُمْ	مِّنْ اِلٰهٍ غَيْرُهٗ
اے میری قوم	تم عبادت کرو	اللہ (کی)	تمہارے لئے نہیں	اس کے علاوہ کوئی معبود

اے میری قوم! اللہ کی عبادت کرو۔ اس کے سوا تمہارا کوئی معبود نہیں۔

اِنِّيْۤ اَخَافُ عَلَيْكُمْ عَذَابَ يَوْمٍ عَظِيْمٍ ۝٥٩ قَالَ

اِنِّيْۤ	اَخَافُ	عَلَيْكُمْ	عَذَابَ يَوْمٍ عَظِيْمٍ ۝٥٩ (1)	قَالَ
بیشک میں	خوف کرتا ہوں	تمہارے اوپر	بڑے دن کے عذاب (کا)	کہا

بے شک میں تم پر بڑے دن کے عذاب کا خوف کرتا ہوں ○ اس کی

الْمَلَاُ مِنْ قَوْمِهٖۤ اِنَّا لَنَرٰىكَ فِيْ ضَلٰلٍ مُّبِيْنٍ ۝٦٠ قَالَ

الْمَلَاُ مِنْ قَوْمِهٖۤ	اِنَّا	لَنَرٰىكَ	فِيْ ضَلٰلٍ مُّبِيْنٍ ۝٦٠	قَالَ (2)
اس کی قوم میں سے سرداروں (نے)	بیشک ہم	ضرور دیکھتے ہیں تمہیں	کھلی گمراہی میں	فرمایا

قوم کے سردار بولے: بیشک ہم تمہیں کھلی گمراہی میں دیکھتے ہیں ○ فرمایا:

يٰقَوْمِ لَيْسَ بِيْ ضَلٰلَةٌ وَّلٰكِنِّيْ رَسُوْلٌ

يٰقَوْمِ	لَيْسَ	بِيْ	ضَلٰلَةٌ (3)	وَّ	لٰكِنِّيْ	رَسُوْلٌ
اے میری قوم	نہیں ہے	مجھ میں	کوئی گمراہی	اور	لیکن میں	رسول (ہوں)

اے میری قوم! مجھ میں کوئی گمراہی نہیں لیکن میں تو

مِّنْ رَّبِّ الْعٰلَمِيْنَ ۝٦١ اُبَلِّغُكُمْ رِسٰلٰتِ رَبِّيْ وَ

مِّنْ رَّبِّ الْعٰلَمِيْنَ ۝٦١	اُبَلِّغُكُمْ	رِسٰلٰتِ رَبِّيْ	وَ
تمام جہانوں کے رب کی طرف سے	میں پہنچاتا ہوں تمہیں	اپنے رب کے پیغامات	اور

ربُّ العالمین کا رسول ہوں ○ میں تمہیں اپنے رب کے پیغامات پہنچاتا ہوں اور

عنوان: سرداروں کا گستاخانہ جواب — حضرت نوح عَلَیْہِ الصَّلٰوۃُ وَالسَّلَام کا مشفقانہ اور ناصحانہ جواب

(1)...... بڑے دن کے عذاب سے مراد روزِ قیامت یا روزِ طوفان کا عذاب ہے۔ (2)...... حضرت نوح عَلَیْہِ الصَّلٰوۃُ وَالسَّلَام نے قوم کی بکواس پر نہایت شفقت و محبت اور خیر خواہی کے ساتھ جواب عطا فرمایا، اس سے مبلغین کو بھی درس حاصل کرنا چاہئے کہ مخاطب کی جہالت پر برانگیختہ ہونے کی بجائے حتی الامکان نرمی اور شفقت کے ساتھ جواب دیا جائے۔ (3)...... اس آیت سے معلوم ہوا کہ نبوت اور گمراہی دونوں جمع نہیں ہو سکتیں اور کوئی نبی ایک آن کے لئے بھی گمراہ نہیں ہو سکتے کیونکہ اگر نبی ہی گمراہ ہوں تو پھر لوگوں کو ہدایت کون کرے گا۔

اَنْصَحُ لَكُمْ وَ اَعْلَمُ مِنَ اللّٰهِ مَا لَا تَعْلَمُوْنَ ﴿۶۲﴾

لَا تَعْلَمُوْنَ ﴿۶۲﴾	مَا	مِنَ اللّٰهِ	اَعْلَمُ	وَ	لَكُمْ	اَنْصَحُ
تم نہیں جانتے	وہ جو	اللہ کی طرف سے	جانتاہوں	اور	تمہاری	خیر خواہی کرتاہوں

تمہاری خیر خواہی کرتاہوں اور میں اللہ کی طرف سے وہ علم رکھتاہوں جو تم نہیں رکھتے ۞

اَوَ عَجِبْتُمْ اَنْ جَآءَكُمْ ذِكْرٌ مِّنْ رَّبِّكُمْ

مِّنْ رَّبِّكُمْ	ذِكْرٌ	جَآءَكُمْ	اَنْ	اَوَ عَجِبْتُمْ
تمہارے رب کی طرف سے	نصیحت	آئی تمہارے پاس	(اس بات پر) کہ	اور کیا تمہیں تعجب ہوا

اور کیا تمہیں اس بات پر تعجب ہے کہ تمہارے پاس تمہارے رب کی طرف سے

عَلٰى رَجُلٍ مِّنْكُمْ لِيُنْذِرَكُمْ وَ لِتَتَّقُوْا وَ لَعَلَّكُمْ

لَعَلَّكُمْ	وَ	لِتَتَّقُوْا	وَ	لِيُنْذِرَكُمْ	عَلٰى رَجُلٍ مِّنْكُمْ
تاکہ تم	اور	تاکہ تم ڈرو	اور	تاکہ وہ ڈرائے تمہیں	تم میں سے ایک مرد پر (کے ذریعے)

تمہیں میں سے ایک مرد کے ذریعے نصیحت آئی تاکہ وہ تمہیں ڈرائے اور تاکہ تم ڈرو اور تاکہ

تُرْحَمُوْنَ ﴿۶۳﴾ فَكَذَّبُوْهُ فَاَنْجَيْنٰهُ وَ الَّذِيْنَ

الَّذِيْنَ	وَ	فَاَنْجَيْنٰهُ	فَكَذَّبُوْهُ (1)	تُرْحَمُوْنَ ﴿۶۳﴾
ان لوگوں کو جو	اور	توہم نے نجات دی اسے	توانہوں نے جھٹلایا اسے	تم پر رحم کیا جائے

تم پر رحم کیا جائے ۞ توانہوں نے نوح کو جھٹلایا توہم نے اسے اور جو

مَعَهٗ فِي الْفُلْكِ وَ اَغْرَقْنَا الَّذِيْنَ كَذَّبُوْا

كَذَّبُوْا	الَّذِيْنَ	اَغْرَقْنَا	وَ	فِي الْفُلْكِ	مَعَهٗ (2)
جھٹلایا	ان لوگوں کو جنہوں نے	ہم نے غرق کردیا	اور	کشتی میں (تھے)	اس کے ساتھ

اس کے ساتھ کشتی میں تھے سب کو نجات دی اور ہماری آیتیں جھٹلانے والوں کو

عنوان: سرکش کفار پر عذابِ الٰہی

1 ...... اس سے معلوم ہوا کہ اللہ عَزَّوَجَلَّ کے دشمنوں پر اس وقت تک دنیاوی عذاب نہیں آتے جب تک وہ پیغمبر کی نافرمانی نہ کریں۔

2 ...... حضرت نوح عَلَیْہِ الصَّلٰوۃُ وَالسَّلَام کی کشتی میں چالیس مرد اور چالیس عورتیں سوار تھیں مگر آپ عَلَیْہِ الصَّلٰوۃُ وَالسَّلَام کی اولاد کے سوا کسی کی نسل نہ چلی اس لئے آپ کو ''آدم ثانی'' کہتے ہیں۔

ع ۸ ۱۵

بِاٰیٰتِنَا ؕ اِنَّهُمْ كَانُوْا قَوْمًا عَمِیْنَ ۟۶۴ ع وَ اِلٰى عَادٍ اَخَاهُمْ

بِاٰیٰتِنَا	اِنَّهُمْ	كَانُوْا	قَوْمًا عَمِیْنَ ۟۶۴ (1)	وَ	اِلٰى عَادٍ (2)	اَخَاهُمْ (3)
ہماری آیتوں کو	بیشک وہ	تھے	اندھے لوگ	اور	عاد کی طرف	ان کے (قومی) بھائی

غرق کر دیا بیشک وہ اندھے لوگ تھے ○ اور قومِ عاد کی طرف ان کے ہم قوم

هُوْدًا ؕ قَالَ یٰقَوْمِ اعْبُدُوا اللّٰهَ مَا لَكُمْ

هُوْدًا	قَالَ	یٰقَوْمِ	اعْبُدُوا	اللّٰهَ	مَا لَكُمْ
ہود (کو بھیجا)	(انہوں نے) فرمایا	اے میری قوم	تم عبادت کرو	اللہ (کی)	تمہارے لئے نہیں

ہود کو بھیجا۔ (ہود نے) فرمایا: اے میری قوم! اللہ کی عبادت کرو، اس کے سوا

مِّنْ اِلٰهٍ غَیْرُهٗ ؕ اَفَلَا تَتَّقُوْنَ ۟۶۵ قَالَ الْمَلَاُ الَّذِیْنَ

مِّنْ اِلٰهٍ غَیْرُهٗ	اَفَلَا تَتَّقُوْنَ ۟۶۵	قَالَ	الْمَلَاُ	الَّذِیْنَ
اس کے علاوہ کوئی معبود	تو کیا تم ڈرتے نہیں	کہا	سرداروں (نے)	وہ لوگ جنہوں نے

تمہارا کوئی معبود نہیں۔ تو کیا تم ڈرتے نہیں؟ ○ اس کی قوم کے

كَفَرُوْا مِنْ قَوْمِهٖۤ اِنَّا لَنَرٰىكَ فِیْ سَفَاهَةٍ وَّ اِنَّا

كَفَرُوْا	مِنْ قَوْمِهٖۤ	اِنَّا	لَنَرٰىكَ	فِیْ سَفَاهَةٍ	وَّ	اِنَّا
کفر کیا	اس کی قوم میں سے	بیشک ہم	ضرور دیکھتے ہیں تمہیں	بیوقوفی میں (مبتلا)	اور	بیشک ہم

کافر سردار بولے، بیشک ہم تمہیں بیوقوف سمجھتے ہیں اور بیشک

لَنَظُنُّكَ مِنَ الْكٰذِبِیْنَ ۟۶۶ قَالَ یٰقَوْمِ لَیْسَ بِیْ

لَنَظُنُّكَ	مِنَ الْكٰذِبِیْنَ ۟۶۶	قَالَ	یٰقَوْمِ	لَیْسَ	بِیْ
ضرور گمان کرتے ہیں تمہیں	جھوٹوں میں سے	فرمایا	اے میری قوم	نہیں ہے	مجھ میں

ہم تمہیں جھوٹوں میں سے گمان کرتے ہیں ○ (ہود نے) فرمایا: اے میری قوم! میرے ساتھ

عنوان: حضرت ہود عَلَیْہِ الصَّلٰوۃُ وَالسَّلَام کی اپنی قوم کو تبلیغ | کافر سرداروں کا گستاخانہ جواب | حضرت ہود عَلَیْہِ الصَّلٰوۃُ وَالسَّلَام کا مشفقانہ اور ناصحانہ جواب

1..... یعنی ان کے پاس نبوت کی شان دیکھنے والی آنکھ نہ تھی، ان کے دل اندھے تھے اگرچہ آنکھیں کھلی تھیں۔

2..... قوم عاد دو ہیں: عادِ اُولیٰ یہ حضرت ہود عَلَیْہِ الصَّلٰوۃُ وَالسَّلَام کی قوم ہے اور یہ یمن میں آباد تھے اور عادِ ثانیہ، یہ حضرت صالح عَلَیْہِ الصَّلٰوۃُ وَالسَّلَام کی قوم ہے، اسی کو ثمود کہتے ہیں ان دونوں کے درمیان سو برس کا فاصلہ ہے۔ یہاں عادِ اُولیٰ مراد ہے۔

3..... یہاں بھائی سے مراد حقیقی بھائی نہیں بلکہ "ہم قوم" مراد ہے۔

سَفَاهَةٌ وَّ لٰكِنِّیْ رَسُوْلٌ مِّنْ رَّبِّ الْعٰلَمِیْنَ ﴿٦٧﴾

سَفَاهَةٌ (1)	وَّ	لٰكِنِّیْ	رَسُوْلٌ	مِّنْ رَّبِّ الْعٰلَمِیْنَ ﴿٦٧﴾
کوئی بیوقوفی	اور	لیکن میں	رسول (ہوں)	تمام جہانوں کے رب کی طرف سے

بے وقوفی کا کوئی تعلق نہیں۔ میں تو ربُّ العالمین کا رسول ہوں ○

اُبَلِّغُكُمْ رِسٰلٰتِ رَبِّیْ وَ اَنَا لَكُمْ نَاصِحٌ اَمِیْنٌ ﴿٦٨﴾

اُبَلِّغُكُمْ (2)	رِسٰلٰتِ رَبِّیْ	وَ	اَنَا	لَكُمْ	نَاصِحٌ	اَمِیْنٌ ﴿٦٨﴾
میں پہنچاتا ہوں تمہیں	اپنے رب کے پیغامات	اور	میں	تمہارے لئے	خیر خواہ	امانت دار (ہوں)

میں تمہیں اپنے رب کے پیغامات پہنچاتا ہوں اور میں تمہارے لئے قابلِ اعتماد خیر خواہ ہوں ○

اَوَ عَجِبْتُمْ اَنْ جَآءَكُمْ ذِكْرٌ مِّنْ رَّبِّكُمْ

اَوَ عَجِبْتُمْ	اَنْ	جَآءَكُمْ	ذِكْرٌ	مِّنْ رَّبِّكُمْ
اور کیا تمہیں تعجب ہوا	(اس بات پر) کہ	آئی تمہارے پاس	نصیحت	تمہارے رب کی طرف سے

اور کیا تمہیں اس بات پر تعجب ہے کہ تمہارے پاس تمہارے رب کی طرف سے

عَلٰى رَجُلٍ مِّنْكُمْ لِیُنْذِرَكُمْؕ وَ اذْكُرُوْۤا اِذْ جَعَلَكُمْ

عَلٰى رَجُلٍ مِّنْكُمْ	لِیُنْذِرَكُمْ	وَ	اذْكُرُوْۤا	اِذْ	جَعَلَكُمْ
تم میں سے ایک مرد پر (کے ذریعے)	تاکہ وہ ڈرائے تمہیں	اور	یاد کرو	جب	اس نے بنایا تمہیں

تمہیں میں سے ایک مرد کے ذریعے نصیحت آئی تاکہ وہ تمہیں ڈرائے اور یاد کرو جب اس نے تمہیں

خُلَفَآءَ مِنْۢ بَعْدِ قَوْمِ نُوْحٍ وَّ زَادَكُمْ فِی الْخَلْقِ

خُلَفَآءَ	مِنْۢ بَعْدِ قَوْمِ نُوْحٍ	وَّ	زَادَكُمْ	فِی الْخَلْقِ
جانشین	نوح کی قوم کے بعد	اور	زیادہ کیا تمہیں	جسامت میں

قومِ نوح کے بعد جانشین بنایا اور تمہاری جسامت میں

عنوان قوم کو انعاماتِ الٰہیہ کی یاد دہانی

(1)...... نبی کے ساتھ بیوقوفی کا کوئی تعلق نہیں اور اس کی وجہ صاف ظاہر ہے کہ انبیاء کرام عَلَیْہِمُ الصَّلٰوۃُ وَالسَّلَام کامل عقل والے اور ہمیشہ ہدایت پر ہوتے ہیں۔ تمام جہان کی عقل نبی کی عقل کے مقابلے میں ایسی ہے جیسے سمندر کا ایک قطرہ کیونکہ نبی تو وحی کے ذریعے اپنے رب عَزَّوَجَلَّ سے علم و عقل حاصل کرتا ہے اور اس چیز کے برابر کسی دوسری چیز کا ہونا محال ہے۔ (2)...... اس آیت سے دو باتیں معلوم ہوئیں (1) جاہل اور بیوقوف لوگوں کی بدتمیزی و جہالت پر بردباری کا مظاہرہ کرنا سنتِ انبیاء عَلَیْہِمُ الصَّلٰوۃُ وَالسَّلَام ہے۔ (2) اہلِ علم و کمال کو ضرورت کے موقع پر اپنے منصب و کمال کا اظہار جائز ہے۔

بَصْۜطَةً ۚ فَاذْكُرُوْۤا اٰلَآءَ اللّٰهِ لَعَلَّكُمْ

بَصْۜطَةً (1)	فَاذْكُرُوْۤا	اٰلَآءَ اللّٰهِ	لَعَلَّكُمْ
قوت اور وسعت (کے اعتبار سے)	تو یاد کرو	اللہ کی نعمتیں	تاکہ تم

قوت اور وسعت زیادہ کی تو اللہ کی نعمتیں یاد کرو تاکہ تم

تُفْلِحُوْنَ ﴿۶۹﴾ قَالُوْۤا اَجِئْتَنَا لِنَعْبُدَ

تُفْلِحُوْنَ ﴿۶۹﴾	قَالُوْۤا	اَجِئْتَنَا	لِنَعْبُدَ
فلاح پا جاؤ	انہوں نے کہا	کیا تم آئے ہو ہمارے پاس	تاکہ ہم عبادت کریں

فلاح پاؤ ○ قوم نے کہا: کیا تم ہمارے پاس اس لیے آئے ہو کہ ہم

اللّٰهَ وَحْدَهٗ وَ نَذَرَ مَا كَانَ يَعْبُدُ

اللّٰهَ وَحْدَهٗ	وَ	نَذَرَ	مَا	كَانَ يَعْبُدُ
ایک اللہ (کی)	اور	ہم چھوڑ دیں	(وہ چیزیں) جن کی	عبادت کرتے تھے

ایک اللہ کی عبادت کریں اور جن چیزوں کی عبادت ہمارے باپ دادا

اٰبَآؤُنَا ۚ فَاْتِنَا بِمَا تَعِدُنَاۤ اِنْ

اٰبَآؤُنَا	فَاْتِنَا بِمَا	تَعِدُنَاۤ	اِنْ
ہمارے باپ دادا	تو لے آؤ ہمارے پاس وہ جس کی	تم وعیدیں سناتے ہو ہمیں	اگر

کیا کرتے تھے انہیں چھوڑ دیں۔ اگر تم سچے ہو تو لے آؤ وہ (عذاب) جس کی تم

كُنْتَ مِنَ الصّٰدِقِيْنَ ﴿۷۰﴾ قَالَ قَدْ وَقَعَ عَلَيْكُمْ

كُنْتَ	مِنَ الصّٰدِقِيْنَ ﴿۷۰﴾	قَالَ	قَدْ	وَقَعَ	عَلَيْكُمْ
تم ہو	سچوں میں سے	فرمایا	بیشک	پڑ گیا، لازم ہو گیا	تمہارے اوپر

ہمیں وعیدیں سناتے ہو ○ فرمایا: بیشک تم پر تمہارے رب کا

عنوان: قومِ ہود کی سرکشی اور عذاب کا مطالبہ | حضرت ہود عَلَیْہِ الصَّلٰوۃُ وَالسَّلَام کی طرف سے نزولِ عذاب کی خبر

1 ......اللہ تعالیٰ نے قومِ عاد کو سلطنت اور بدنی قوت عطا فرمائی تھی، چنانچہ شداد ابن عاد جیسا بڑا بادشاہ انہیں میں ہوا۔ یہ بہت لمبے قد والے اور بڑے بھاری ڈیل ڈول والے تھے۔

مِّنْ رَّبِّكُمْ رِجْسٌ وَّ غَضَبٌ ؕ اَتُجَادِلُوْنَنِيْ				
مِّنْ رَّبِّكُمْ	رِجْسٌ	وَّ	غَضَبٌ	اَتُجَادِلُوْنَنِيْ
تمہارے رب کی طرف سے	عذاب	اور	غضب	کیا تم جھگڑتے ہو مجھ سے

عذاب اور غضب لازم ہو گیا۔ کیا تم مجھ سے

فِيْۤ اَسْمَآءٍ سَمَّيْتُمُوْهَاۤ اَنْتُمْ وَ اٰبَآؤُكُمْ				
فِيْۤ اَسْمَآءٍ	سَمَّيْتُمُوْهَاۤ	اَنْتُمْ	وَ	اٰبَآؤُكُمْ
(ان) ناموں کے بارے میں	رکھ لیا انہیں	تم	اور	تمہارے باپ دادا (نے)

ان ناموں کے بارے میں جھگڑ رہے ہو جو تم نے اور تمہارے باپ دادا نے رکھ لیے ہیں،

مَّا نَزَّلَ اللّٰهُ بِهَا مِنْ سُلْطٰنٍ ؕ فَانْتَظِرُوْۤا				
مَّا نَزَّلَ	اللّٰهُ	بِهَا	مِنْ سُلْطٰنٍ	فَانْتَظِرُوْۤا
نہیں اتاری	اللہ (نے)	ان کی	کوئی دلیل	تو تم انتظار کرو

جن کی کوئی دلیل اللہ نے نہیں اتاری تو تم بھی انتظار کرو

اِنِّيْ مَعَكُمْ مِّنَ الْمُنْتَظِرِيْنَ ﴿٧١﴾ فَاَنْجَيْنٰهُ			
اِنِّيْ	مَعَكُمْ	مِّنَ الْمُنْتَظِرِيْنَ ﴿٧١﴾	فَاَنْجَيْنٰهُ [1]
بیشک میں (بھی)	تمہارے ساتھ	انتظار کرنے والوں میں سے (ہوں)	تو ہم نے نجات دی اسے

اور میں بھی تمہارے ساتھ انتظار کرتا ہوں ○ تو ہم نے اسے

وَ الَّذِيْنَ مَعَهٗ بِرَحْمَةٍ مِّنَّا وَ					
وَ	الَّذِيْنَ	مَعَهٗ	بِرَحْمَةٍ	مِّنَّا	وَ
اور	ان لوگوں کو جو	اس کے ساتھ (تھے)	ایک بڑی رحمت کے ساتھ	اپنی طرف سے	اور

اور اس کے ساتھیوں کو اپنی رحمت کے ساتھ نجات دی اور

عنوان: حضرت ہود عَلَیْہِ الصَّلٰوۃُ وَالسَّلَام اور مسلمانوں کی نجات اور کافروں پر عذاب

1 ...... اس آیت میں حضرت ہود عَلَیْہِ الصَّلٰوۃُ وَالسَّلَام اور ان کے ساتھیوں کی نجات اور قومِ عاد پر نزولِ عذاب کا ذکر ہے۔ اس کی تفصیل جاننے کے لئے تفسیر صراط الجنان، ج3، ص356 کا مطالعہ فرمائیں۔

فَقَطَعْنَا دَابِرَ الَّذِيْنَ كَذَّبُوْا بِاٰيٰتِنَا

قَطَعْنَا	دَابِرَ	الَّذِيْنَ	كَذَّبُوْا	بِاٰيٰتِنَا
ہم نے کاٹ دی	جڑ	ان لوگوں کی جنہوں نے	جھٹلایا	ہماری آیتوں کو

جو ہماری آیتیں جھٹلاتے تھے ان کی جڑ کاٹ دی

وَمَا كَانُوْا مُؤْمِنِيْنَ ﴿۷۲﴾ ع وَاِلٰى ثَمُوْدَ اَخَاهُمْ

وَ	مَا كَانُوْا	مُؤْمِنِيْنَ ﴿۷۲﴾	وَ	اِلٰى ثَمُوْدَ (1)	اَخَاهُمْ
اور	وہ نہیں تھے	ایمان والے	اور	ثمود کی طرف	ان کے (قومی) بھائی

اور وہ ایمان والے نہ تھے ○ اور قومِ ثمود کی طرف ان کے ہم قوم

صٰلِحًا ۘ قَالَ يٰقَوْمِ اعْبُدُوا اللّٰهَ

صٰلِحًا	قَالَ	يٰقَوْمِ	اعْبُدُوا	اللّٰهَ
صالح (کو بھیجا)	(انہوں نے) فرمایا	اے میری قوم	تم عبادت کرو	اللہ (کی)

صالح کو بھیجا۔ صالح نے فرمایا: اے میری قوم! اللہ کی عبادت کرو

مَا لَكُمْ مِّنْ اِلٰهٍ غَيْرُهٗ ؕ قَدْ جَآءَتْكُمْ بَيِّنَةٌ

مَا لَكُمْ	مِّنْ اِلٰهٍ غَيْرُهٗ	قَدْ	جَآءَتْكُمْ	بَيِّنَةٌ
تمہارے لئے نہیں	اس کے علاوہ کوئی معبود	بیشک	آگئی تمہارے پاس	روشن نشانی

اس کے سوا تمہارا کوئی معبود نہیں۔ بیشک تمہارے پاس تمہارے رب کی طرف سے

مِّنْ رَّبِّكُمْ هٰذِهٖ نَاقَةُ اللّٰهِ لَكُمْ اٰيَةً

مِّنْ رَّبِّكُمْ	هٰذِهٖ	نَاقَةُ اللّٰهِ	لَكُمْ	اٰيَةً
تمہارے رب کی طرف سے	یہ	اللہ کی اونٹنی (ہے)	تمہارے لئے	نشانی

روشن نشانی آگئی۔ تمہارے لئے نشانی کے طور پر اللہ کی یہ اونٹنی ہے۔

ع ۸ / ١٦

وقف لازم

عنوان: حضرت صالح عَلَيْهِ الصَّلٰوةُ وَالسَّلَام کی اپنی قوم کو تبلیغ

(1)...... ثمود بھی عرب کا ہی ایک قبیلہ تھا۔ یہ لوگ ثمود بن رام بن سام بن نوح عَلَيْهِ الصَّلٰوةُ وَالسَّلَام کی اولاد میں تھے اور حجاز و شام کے درمیان سرزمین حجر میں رہتے تھے۔

فَذَرُوْهَا تَاْكُلْ فِيْٓ اَرْضِ اللّٰهِ وَلَا تَمَسُّوْهَا

فَذَرُوْهَا	تَاْكُلْ	فِيْٓ اَرْضِ اللّٰهِ	وَ	لَا تَمَسُّوْهَا
تو تم چھوڑ دو اسے	(تاکہ) وہ کھائے	اللہ کی زمین میں	اور	ہاتھ نہ لگاؤ اسے

تو تم اسے چھوڑے رکھو تاکہ اللہ کی زمین میں کھائے اور اسے برائی کے ساتھ

بِسُوْٓءٍ فَيَاْخُذَكُمْ عَذَابٌ اَلِيْمٌ ﴿٧٣﴾ وَ

بِسُوْٓءٍ	فَيَاْخُذَكُمْ	عَذَابٌ اَلِيْمٌ ﴿٧٣﴾	وَ
برائی کے ساتھ	(اگر ایسا کیا) تو پکڑلے گا تمہیں	دردناک عذاب	اور

ہاتھ نہ لگاؤ ورنہ تمہیں دردناک عذاب پکڑ لے گا ○ اور

اذْكُرُوْٓا اِذْ جَعَلَكُمْ خُلَفَآءَ مِنْۢ بَعْدِ عَادٍ

اذْكُرُوْٓا	اِذْ	جَعَلَكُمْ	خُلَفَآءَ	مِنْۢ بَعْدِ عَادٍ
یاد کرو	جب	اس نے بنایا تمہیں	جانشین	(قوم) عاد کے بعد

یاد کرو جب اس نے تمہیں قومِ عاد کے بعد جانشین بنایا

وَّبَوَّاَكُمْ فِي الْاَرْضِ تَتَّخِذُوْنَ مِنْ سُهُوْلِهَا

وَّ	بَوَّاَكُمْ	فِي الْاَرْضِ	تَتَّخِذُوْنَ	مِنْ سُهُوْلِهَا
اور	اس نے ٹھکانہ دیا تمہیں	زمین میں	تم بناتے	اس کے نرم حصے میں

اور اس نے تمہیں زمین میں ٹھکانہ دیا، تم نرم زمین میں محلات

قُصُوْرًا وَّتَنْحِتُوْنَ الْجِبَالَ بُيُوْتًا ۚ فَاذْكُرُوْٓا

قُصُوْرًا (1)	وَّ	تَنْحِتُوْنَ	الْجِبَالَ	بُيُوْتًا	فَاذْكُرُوْٓا
محلات	اور	تراش کر بناتے	پہاڑوں (کو)	مکانات	تو یاد کرو

بناتے تھے اور پہاڑوں کو تراش کر مکانات بناتے تھے تو اللہ کی نعمتیں

عنوان: قوم کو انعاماتِ الٰہیہ کی یاددہانی اور فساد کی ممانعت

(1)...... قوم ثمود نے گرمیوں کے لئے بستیوں میں محل بنائے ہوئے تھے اور سردی کے موسم کے لئے پہاڑوں میں گرم مکانات تعمیر کئے تھے جیسا کہ آج کل بھی دولت مند لوگ کرتے ہیں ٹھنڈے اور گرم علاقوں میں جداجدا مکانات بناتے ہیں۔

اٰلَآءَ اللّٰهِ وَ لَا تَعۡثَوۡا فِی الۡاَرۡضِ مُفۡسِدِیۡنَ ﴿۷۴﴾

اٰلَآءَ اللّٰهِ	وَ	لَا تَعۡثَوۡا	فِی الۡاَرۡضِ	مُفۡسِدِیۡنَ ﴿۷۴﴾ (1)
اللہ کی نعمتیں	اور	نہ پھرو	زمین میں	فساد کرتے ہوئے

یاد کرو اور زمین میں فساد مچاتے نہ پھرو○

قَالَ الۡمَلَاُ الَّذِیۡنَ اسۡتَكۡبَرُوۡا مِنۡ قَوۡمِهٖ

قَالَ	الۡمَلَاُ	الَّذِیۡنَ	اسۡتَكۡبَرُوۡا	مِنۡ قَوۡمِهٖ
کہا	سرداروں (نے)	وہ لوگ جنہوں نے	تکبر کیا	اس (صالح) کی قوم میں سے

اس کی قوم کے متکبر سردار

لِلَّذِیۡنَ اسۡتُضۡعِفُوۡا لِمَنۡ اٰمَنَ مِنۡهُمۡ

لِلَّذِیۡنَ	اسۡتُضۡعِفُوۡا	لِمَنۡ	اٰمَنَ	مِنۡهُمۡ
ان لوگوں سے جو	کمزور سمجھے گئے	(اس) سے جو	ایمان لایا	ان میں سے

کمزور مسلمانوں سے کہنے لگے:

اَتَعۡلَمُوۡنَ اَنَّ صٰلِحًا مُّرۡسَلٌ مِّنۡ رَّبِّهٖ ؕ

اَتَعۡلَمُوۡنَ	اَنَّ	صٰلِحًا	مُّرۡسَلٌ	مِّنۡ رَّبِّهٖ
کیا تم جانتے ہو	کہ	صالح	بھیجا ہوا ہے	اپنے رب کی طرف سے

کیا تم جانتے ہو کہ صالح اپنے رب کا رسول ہے؟

قَالُوۡۤا اِنَّا بِمَاۤ اُرۡسِلَ بِهٖ مُؤۡمِنُوۡنَ ﴿۷۵﴾

قَالُوۡۤا	اِنَّا	بِمَاۤ	اُرۡسِلَ	بِهٖ	مُؤۡمِنُوۡنَ ﴿۷۵﴾
انہوں نے کہا	بیشک ہم	جس کے ساتھ	انہیں بھیجا گیا	اس پر	ایمان رکھنے والے (ہیں)

انہوں نے کہا: بیشک ہم اس پر ایمان رکھتے ہیں جس کے ساتھ انہیں بھیجا گیا ہے○

عنوان متکبر سرداروں کا کمزور مسلمانوں سے سوال وجواب

1 ......اس سے معلوم ہوا کہ قوم میں فساد پھیلانا بدترین جرم ہے خواہ یہ قتل و غارت گری سے ہو، کفر و شرک کی اشاعت سے یا فتنہ پھیلانے والی تقریروں اور تحریروں سے ہو۔ آج کل اکثر علم دین سے نابلد لوگ علماء کے لباس میں فساد پھیلاتے اور علماء کو بدنام کرتے پھر رہے ہیں، ان سے ہوشیار رہنا چاہئے۔

قَالَ الَّذِيْنَ اسْتَكْبَرُوْٓا اِنَّا بِالَّذِيْٓ

قَالَ	الَّذِيْنَ	اسْتَكْبَرُوْٓا	اِنَّا	بِالَّذِيْٓ
بولے	وہ لوگ جنہوں نے	تکبر کیا	بیشک ہم	جس پر

متکبر بولے: بیشک ہم اس کا انکار کرنے والے ہیں

اٰمَنْتُمْ بِهٖ كٰفِرُوْنَ ﴿٧٦﴾ فَعَقَرُوا

اٰمَنْتُمْ	بِهٖ	كٰفِرُوْنَ ﴿٧٦﴾	فَعَقَرُوا (1)
تم ایمان لائے ہو	اس کا	انکار کرنے والے (ہیں)	تو انہوں نے ٹانگوں کی رگیں کاٹ دیں

جس پر تم ایمان لائے ہو ○ پس (کافروں نے) اونٹنی کی ٹانگوں کی رگوں کو

النَّاقَةَ وَعَتَوْا عَنْ اَمْرِ رَبِّهِمْ وَقَالُوْا

النَّاقَةَ	وَ	عَتَوْا	عَنْ اَمْرِ رَبِّهِمْ	وَ	قَالُوْا
اونٹنی (کی)	اور	سرکشی کی	اپنے رب کے حکم سے	اور	انہوں نے کہا

کاٹ دیا اور اپنے رب کے حکم سے سرکشی کی اور کہنے لگے:

يٰصٰلِحُ ائْتِنَا بِمَا تَعِدُنَآ اِنْ كُنْتَ

يٰصٰلِحُ	ائْتِنَا بِمَا	تَعِدُنَآ	اِنْ	كُنْتَ
اے صالح	لے آؤ ہمارے پاس جس کی	تم وعیدیں سناتے ہو ہمیں	اگر	تم ہو

اے صالح! اگر تم رسول ہو تو ہم پر وہ عذاب لے آؤ جس کی تم ہمیں وعیدیں

مِنَ الْمُرْسَلِيْنَ ﴿٧٧﴾ فَاَخَذَتْهُمُ الرَّجْفَةُ فَاَصْبَحُوْا

مِنَ الْمُرْسَلِيْنَ ﴿٧٧﴾	فَاَخَذَتْهُمُ	الرَّجْفَةُ (2)	فَاَصْبَحُوْا
رسولوں میں سے	تو پکڑ لیا انہیں	زلزلے (نے)	تو وہ صبح کو رہ گئے

سناتے رہتے ہو ○ تو انہیں زلزلے نے پکڑ لیا تو وہ صبح کو

عنوان: قومِ صالح کا اونٹنی ذبح کرنا اور دیگر سرکشی | قومِ صالح پر عذابِ الٰہی

1..... اونٹنی کو ذبح کرنے والا ایک شخص قدار بن سالف تھا اور ایک شخص مصدع ابن دہر اس کا مددگار تھا لیکن چونکہ یہ کام ساری قوم کی رضامندی سے ہوا تھا اس لئے ان سب کو اس کا فاعل قرار دیا گیا۔ اس سے معلوم ہوا کہ گناہ کرنا، گناہ کرانا، گناہ پر راضی ہونا، گناہ پر مدد کرنا سب ہی جرم ہیں جن کی وجہ سے عذاب آسکتا ہے۔ 2..... قومِ ثمود کے عذاب سے متعلق مختلف آیات میں مختلف چیزوں کا ذکر ہے، جیسے یہاں زلزلے کا ذکر ہے اور سورۂ حجر کی آیت نمبر 83 میں چیخ کا ذکر ہے۔ ان دونوں میں تطبیق یہ ہے کہ پہلے وہ ہولناک آواز میں گرفتار ہوئے، پھر سخت زلزلہ قائم کیا گیا۔

فِیْ دَارِهِمْ جٰثِمِیْنَ ﴿۷۸﴾ فَتَوَلّٰى عَنْهُمْ وَ

فِیْ دَارِهِمْ	جٰثِمِیْنَ ﴿۷۸﴾	فَتَوَلّٰى	عَنْهُمْ	وَ
اپنے گھروں میں	اوندھے منہ (مرے ہوئے)	پس اس (صالح) نے منہ پھیر لیا	ان سے	اور

اپنے گھروں میں اوندھے پڑے رہ گئے ○ تو صالح نے ان سے منہ پھیر لیا اور

قَالَ یٰقَوْمِ لَقَدْ اَبْلَغْتُكُمْ رِسَالَةَ رَبِّیْ

قَالَ	یٰقَوْمِ	لَقَدْ	اَبْلَغْتُكُمْ	رِسَالَةَ رَبِّیْ
فرمایا	اے میری قوم	ضرور بیشک	میں نے پہنچادیا تمہیں	اپنے رب کا پیغام

فرمایا: اے میری قوم! بیشک میں نے تمہیں اپنے رب کا پیغام پہنچادیا

وَ نَصَحْتُ لَكُمْ وَ لٰكِنْ لَّا تُحِبُّوْنَ

وَ	نَصَحْتُ	لَكُمْ	وَ	لٰكِنْ	لَّا تُحِبُّوْنَ
اور	میں نے خیر خواہی کی	تمہاری	اور	لیکن	تم پسند نہیں کرتے

اور میں نے تمہاری خیر خواہی کی لیکن تم خیر خواہوں کو

النّٰصِحِیْنَ ﴿۷۹﴾ وَ لُوْطًا اِذْ قَالَ لِقَوْمِهٖۤ

النّٰصِحِیْنَ ﴿۷۹﴾	وَ	لُوْطًا	اِذْ	قَالَ	لِقَوْمِهٖۤ
خیر خواہی کرنے والوں (کو)	اور	لوط (کو بھیجا)	جب	اس نے کہا	اپنی قوم سے

پسند نہیں کرتے ○ اور (ہم نے) لوط کو بھیجا، جب اس نے اپنی قوم سے کہا:

اَتَاْتُوْنَ الْفَاحِشَةَ مَا سَبَقَكُمْ بِهَا مِنْ اَحَدٍ

اَتَاْتُوْنَ	الْفَاحِشَةَ (1)	مَا سَبَقَكُمْ	بِهَا	مِنْ اَحَدٍ
کیا تم کرتے ہو	بے حیائی	تم سے پہلے نہیں کیا	اس کو	کسی ایک (نے)

کیا تم وہ بے حیائی کرتے ہو جو تم سے پہلے جہان میں کسی نے

عنوان: حضرت صالح عَلَیْهِ الصَّلٰوۃُ وَالسَّلَام کا مردہ لاشوں سے خطاب | حضرت لوط عَلَیْهِ الصَّلٰوۃُ وَالسَّلَام کی اپنی قوم کو بدفعلی پر تنبیہ

(1)...... یہاں فاحشہ سے مراد لڑکوں کے ساتھ بدفعلی کرنا ہے۔ اس آیت سے معلوم ہوا کہ لڑکوں کے ساتھ بدفعلی کرنا قومِ لوط کی ایجاد ہے، اسی لئے اسے "لواطت" کہتے ہیں۔ یاد رہے کہ مرد کا مرد کے ساتھ بدفعلی کرنا حرام اور اسے حلال سمجھنے والا کافر ہے۔ عورت کا عورت سے شہوانی لذت حاصل کرنا حرام ہے اور اپنی بیوی کے پچھلے مقام میں جماع کرنا بھی حرام ہے۔

مِّنَ الْعٰلَمِیْنَ ﴿۸۰﴾ اِنَّكُمْ لَتَاْتُوْنَ الرِّجَالَ

مِّنَ الْعٰلَمِیْنَ ﴿۸۰﴾	اِنَّكُمْ	لَتَاْتُوْنَ	الرِّجَالَ
سارے جہان والوں میں سے	بیشک تم	ضرور آتے ہو	مردوں (کے پاس)

نہیں کی ○ بیشک تم عورتوں کو چھوڑ کر مردوں

شَهْوَةً مِّنْ دُوْنِ النِّسَآءِؕ بَلْ اَنْتُمْ قَوْمٌ مُّسْرِفُوْنَ ﴿۸۱﴾

شَهْوَةً	مِّنْ دُوْنِ النِّسَآءِ	بَلْ	اَنْتُمْ	قَوْمٌ مُّسْرِفُوْنَ ﴿۸۱﴾ (1)
نفسانی خواہش (کے لئے)	عورتوں کی بجائے	بلکہ	تم	حد سے گزرے ہوئے لوگ (ہو)

کے پاس شہوت سے جاتے ہو بلکہ تم لوگ حد سے گزرے ہوئے ہو ○

وَمَا كَانَ جَوَابَ قَوْمِهٖۤ اِلَّاۤ اَنْ قَالُوْۤا

وَ	مَا كَانَ	جَوَابَ قَوْمِهٖ	اِلَّاۤ	اَنْ	قَالُوْۤا
اور	نہیں تھا	اس کی قوم کا جواب	مگر	یہ کہ	انہوں نے کہا

اور ان کی قوم کا اس کے سوا کوئی جواب نہ تھا کہ انہوں نے کہا:

اَخْرِجُوْهُمْ مِّنْ قَرْیَتِكُمْۚ اِنَّهُمْ اُنَاسٌ یَّتَطَهَّرُوْنَ ﴿۸۲﴾

اَخْرِجُوْهُمْ	مِّنْ قَرْیَتِكُمْ	اِنَّهُمْ	اُنَاسٌ	یَّتَطَهَّرُوْنَ ﴿۸۲﴾
نکال دو انہیں	اپنی بستی سے	بیشک وہ	لوگ	بڑے پاک بنتے ہیں

ان کو اپنی بستی سے نکال دو۔ یہ لوگ بڑے پاک بنتے پھرتے ہیں ○

فَاَنْجَیْنٰهُ وَ اَهْلَهٗۤ اِلَّا امْرَاَتَهٗ

فَاَنْجَیْنٰهُ	وَ	اَهْلَهٗ	اِلَّا	امْرَاَتَهٗ
تو ہم نے نجات دی اسے	اور	اس کے گھر والوں (کو)	سوائے	اس کی بیوی (کے)

تو ہم نے اسے اور اس کے گھر والوں کو نجات دی سوائے اس کی بیوی کے۔

عنوان: قومِ لوط کا جواب — حضرت لوط عَلَیْہِ الصَّلٰوۃُ وَالسَّلَام کی بیوی پر عذابِ الٰہی

(1)...... انسان کو شہوت اس لئے دی گئی کہ نسلِ انسانی باقی رہے اور دنیا کی آبادی ہو اور عورتوں کو شہوت کا محل اور نسل چلانے کا ذریعہ بنایا کہ ان سے معروف طریقے کے مطابق اور جیسے شریعت نے اجازت دی اس طرح شہوت پوری کی جائے اور ان سے اولاد حاصل کی جائے، جب آدمیوں نے عورتوں کو چھوڑ کر ان کا کام مردوں سے لینا چاہا تو وہ حد سے گزر گئے اور انہوں نے اس قوت کے مقصد صحیح کو فوت کر دیا کیونکہ مرد کو نہ حمل ہوتا ہے اور نہ وہ بچہ جنتا ہے تو اس کے ساتھ مشغول ہونا سوائے شیطانیت کے اور کیا ہے۔

كَانَتْ مِنَ الْغٰبِرِيْنَ ﴿٨٣﴾ وَ اَمْطَرْنَا عَلَيْهِمْ مَّطَرًا ؕ

كَانَتْ	مِنَ الْغٰبِرِيْنَ ﴿٨٣﴾ (1)	وَ	اَمْطَرْنَا	عَلَيْهِمْ	مَّطَرًا
وہ تھی	باقی رہنے والوں میں سے	اور	ہم نے برسائی	ان پر	بارش

وہ باقی رہنے والوں میں سے تھی ○ اور ہم نے ان پر بارش برسائی

فَانْظُرْ كَيْفَ كَانَ عَاقِبَةُ الْمُجْرِمِيْنَ ﴿٨٤﴾ ع وَ اِلٰى مَدْيَنَ

ع ١٠ ١٧

فَانْظُرْ	كَيْفَ	كَانَ	عَاقِبَةُ الْمُجْرِمِيْنَ ﴿٨٤﴾ (2)	وَ	اِلٰى مَدْيَنَ
تو دیکھو	کیسا	ہوا	مجرموں کا انجام	اور	مدین کی طرف

تو دیکھو، مجرموں کا کیسا انجام ہوا؟ ○ اور مدین کی طرف

اَخَاهُمْ شُعَيْبًا ؕ قَالَ يٰقَوْمِ اعْبُدُوا

اَخَاهُمْ	شُعَيْبًا	قَالَ	يٰقَوْمِ	اعْبُدُوا
ان کے (قومی) بھائی	شعیب (کو بھیجا)	اس نے کہا	اے میری قوم	تم عبادت کرو

ان کے ہم قوم شعیب کو بھیجا: انہوں نے فرمایا: اے میری قوم! اللہ کی

اللّٰهَ مَا لَكُمْ مِّنْ اِلٰهٍ غَيْرُهٗ ؕ قَدْ جَآءَتْكُمْ

اللّٰهَ	مَا لَكُمْ	مِّنْ اِلٰهٍ غَيْرُهٗ	قَدْ	جَآءَتْكُمْ
اللہ (کی)	تمہارے لئے نہیں	اس کے علاوہ کوئی معبود	بیشک	آگئی تمہارے پاس

عبادت کرو اس کے سوا تمہارا کوئی معبود نہیں، بے شک تمہارے پاس

بَيِّنَةٌ مِّنْ رَّبِّكُمْ فَاَوْفُوا الْكَيْلَ وَ الْمِيْزَانَ

بَيِّنَةٌ	مِّنْ رَّبِّكُمْ	فَاَوْفُوا	الْكَيْلَ	وَ	الْمِيْزَانَ
روشن نشانی	تمہارے رب کی طرف سے	تو پورا کرو	ناپ	اور	تول

تمہارے رب کی طرف سے روشن دلیل آگئی تو ناپ اور تول پورا پورا کرو

عنوان: مردوں کی باہم بدفعلی پر خدا کا شدید عذاب | شعیب عَلَيْهِ الصَّلٰوةُ وَالسَّلَام کا لوگوں کو ناپ تول میں کمی سے منع کرنا اور دیگر نصیحتیں

1 ...... حضرت لوط عَلَيْهِ الصَّلٰوةُ وَالسَّلَام کی بیوی جس کا نام واہلہ تھا وہ آپ پر ایمان نہ لائی بلکہ کافرہ ہی رہی، اپنی قوم سے محبت رکھتی اور ان کے لئے جاسوسی کرتی تھی، یہ عذاب میں مبتلا ہوئی۔

2 ...... اس سے معلوم ہوا بدفعلی انتہائی مبغوض وشدید جرم ہے کہ اس جرم کی وجہ سے قوم لوط پر ایسا عذاب آیا جو دوسری عذاب پانے والی قوموں پر نہ آیا۔

وَلَا تَبْخَسُوا النَّاسَ اَشْيَآءَهُمْ وَلَا تُفْسِدُوْا

وَ	لَا تَبْخَسُوا	النَّاسَ	اَشْيَآءَهُمْ (1)	وَ	لَا تُفْسِدُوْا
اور	کم کر کے نہ دو	لوگوں (کو)	ان کی چیزیں	اور	فساد نہ کرو

اور لوگوں کو ان کی چیزیں کم کر کے نہ دو اور زمین میں

فِی الْاَرْضِ بَعْدَ اِصْلَاحِهَا ؕ ذٰلِكُمْ خَيْرٌ لَّكُمْ اِنْ

فِی الْاَرْضِ	بَعْدَ اِصْلَاحِهَا	ذٰلِكُمْ	خَيْرٌ	لَّكُمْ	اِنْ
زمین میں	اس کی اصلاح کے بعد	یہ	بہتر (ہے)	تمہارے لئے	اگر

اس کی اصلاح کے بعد فساد نہ پھیلاؤ۔ یہ تمہارے لئے بہتر ہے اگر

كُنْتُمْ مُّؤْمِنِيْنَ ﴿۸۵﴾ ۚ وَلَا تَقْعُدُوْا بِكُلِّ صِرَاطٍ

كُنْتُمْ	مُّؤْمِنِيْنَ ﴿۸۵﴾	وَ	لَا تَقْعُدُوْا	بِكُلِّ صِرَاطٍ
تم ہو	ایمان لانے والے	اور	(اس لئے) نہ بیٹھو	ہر راستے پر

تم ایمان لاؤ ○ اور ہر راستے پر یوں نہ بیٹھو

تُوْعِدُوْنَ وَتَصُدُّوْنَ عَنْ سَبِيْلِ اللّٰهِ مَنْ

تُوْعِدُوْنَ	وَ	تَصُدُّوْنَ	عَنْ سَبِيْلِ اللّٰهِ	مَنْ
(کہ آنے جانے والوں کو) ڈراؤ	اور	روکو	اللہ کی راہ سے	(اسے) جو

کہ راہگیروں کو ڈراؤ اور اللہ کے راستے سے ایمان لانے والوں کو

اٰمَنَ بِهٖ وَتَبْغُوْنَهَا عِوَجًا ۚ وَاذْكُرُوْٓا

اٰمَنَ	بِهٖ	وَ	تَبْغُوْنَهَا	عِوَجًا	وَ	اذْكُرُوْٓا
ایمان لایا	اس پر	اور	تم تلاش کرو اس میں	ٹیڑھا پن	اور	یاد کرو

روکو اور تم اس میں ٹیڑھا پن تلاش کرو اور یاد کرو

(1)...... اس سے معلوم ہوا کہ بعض احکام کے کفار بھی مکلف ہیں کیونکہ حضرت شعیب عَلَیْہِ الصَّلٰوۃُ وَالسَّلَام نے اپنی کافر قوم کو ناپ تول درست کرنے کا حکم دیا اور نہ ماننے پر عذابِ الٰہی آگیا۔

اِذْ كُنْتُمْ قَلِيْلًا فَكَثَّرَكُمْ ۪ وَانْظُرُوْا

اِذْ	كُنْتُمْ	قَلِيْلًا	فَكَثَّرَكُمْ	وَ	انْظُرُوْا (1)
جب	تم تھے	تھوڑے	تو اس نے زیادہ کر دیا تمہیں	اور	دیکھو

جب تم تھوڑے تھے تو اس نے تمہاری تعداد میں اضافہ کر دیا اور دیکھو،

كَيْفَ كَانَ عَاقِبَةُ الْمُفْسِدِيْنَ ﴿۸۶﴾ وَاِنْ كَانَ طَآئِفَةٌ

كَيْفَ	كَانَ	عَاقِبَةُ الْمُفْسِدِيْنَ ﴿۸۶﴾	وَ	اِنْ	كَانَ	طَآئِفَةٌ
کیسا	ہوا	فساد کرنے والوں کا انجام	اور	اگر	ہو	ایک گروہ

فسادیوں کا کیسا انجام ہوا؟ ○ اور اگر تم میں ایک گروہ

مِّنْكُمْ اٰمَنُوْا بِالَّذِیْۤ اُرْسِلْتُ بِهٖ وَ

مِّنْكُمْ	اٰمَنُوْا	بِالَّذِیْۤ	اُرْسِلْتُ	بِهٖ	وَ
تم میں سے	وہ ایمان لائیں	جس کے ساتھ	مجھے بھیجا گیا	اس پر	اور

اس پر ایمان لائے جس کے ساتھ مجھے بھیجا گیا ہے اور

طَآئِفَةٌ لَّمْ یُؤْمِنُوْا فَاصْبِرُوْا حَتّٰى یَحْكُمَ

طَآئِفَةٌ	لَّمْ یُؤْمِنُوْا (2)	فَاصْبِرُوْا	حَتّٰى	یَحْكُمَ
ایک گروہ	وہ ایمان نہ لائیں	تو صبر کرو	یہاں تک کہ	فیصلہ کر دے

ایک گروہ (اس پر) ایمان نہ لائے تو تم انتظار کرو حتّٰی کہ اللہ ہمارے درمیان

اللّٰهُ بَیْنَنَا ۚ وَهُوَ خَیْرُ الْحٰكِمِیْنَ ﴿۸۷﴾

اللّٰهُ	بَیْنَنَا	وَ	هُوَ	خَیْرُ الْحٰكِمِیْنَ ﴿۸۷﴾
اللہ	ہمارے درمیان	اور	وہ	سب سے بہترین فیصلہ کرنے والا

فیصلہ کر دے اور وہ سب سے بہترین فیصلہ فرمانے والا ہے ○

عنوان حضرت شعیب عَلَیْهِ الصَّلٰوةُ وَالسَّلَام کی اہلِ مدین کو تنبیہ

(1)...... اس سے معلوم ہوا کہ قوموں کے تاریخی حالات معلوم کرنا اور نزولِ عذاب کے مقامات کو دیکھنا عبرت حاصل کرنے کے لئے بہت مفید ہے، اس سے اللہ تعالیٰ کا خوف اور اس کی عبادات کی ترغیب پیدا ہوتی ہے۔ (2)...... اس سے معلوم ہوا کہ انبیاء کرام عَلَیْهِمُ الصَّلٰوةُ وَالسَّلَام پر تمام لوگ ایمان نہ لائے بلکہ کچھ لائے اور کچھ نہ لائے۔ اس میں ہر عالم و مبلغ کے لئے نصیحت ہے کہ تمام لوگ ان کی بات مان کر اس پر عمل پیرا نہیں ہوں گے لہٰذا انہیں چاہئے کہ لوگوں کی روگردانی دیکھ کر رنجیدہ نہ ہوں اور استقامت کے ساتھ دین کی خدمت میں مصروف رہیں۔

www.ingramcontent.com/pod-product-compliance
Lightning Source LLC
LaVergne TN
LVHW070907051026
849558LV00046B/592
* 9 7 8 9 6 9 7 2 2 2 3 6 0 *